Beiträge zum Patentrecht

Von

W. Dunkhase
Geheimer Regierungsrat und Direktor im Kaiserlichen Patentamte
zu Berlin

VI

Nichtigkeitsverfahren,
Zwangslizenz und Zurücknahme des Patents

Berlin und Leipzig
G. J. Göschen'sche Verlagshandlung G. m. b. H.
1914

Nichtigkeitsverfahren,

Zwangslizenz und Zurücknahme des Patents

Von

W. Dunkhase

Geheimer Regierungsrat und Direktor im Kaiserlichen Patentamte
zu Berlin

Berlin und Leipzig

G. J. Göschen'sche Verlagshandlung G. m. b. H.

1914

Druck von Hallberg & Büchting
(Inh.: Alfred Klepzig), Leipzig

Übersicht.

	Seite
1. Das Nichtigkeitsverfahren	7—42
2. Die Zwangslizenz und die Zurücknahme des Patents	42—51

Abkürzungen.

PG. = Patentgesetz.
BGB. = Bürgerliches Gesetzbuch.
ZPO. = Zivilprozeßordnung.
PA. = Patentamt.
RG. = Reichsgericht.
PBl. = Patentblatt.
Bl. = Blatt für Patent-, Muster- und Zeichenwesen.
Ind. = Zeitschrift für Industrierecht.
M. u. W. = Markenschutz und Wettbewerb.
E. d. RG. ZS. = Entscheidungen des Reichsgerichts in Zivilsachen.
GR. = Gewerblicher Rechtsschutz und Urheberrecht.
JW. = Juristische Wochenschrift.

I. Das Nichtigkeitsverfahren.

Das Patent wird gemäß § 10 des PG. für nichtig erklärt, wenn sich ergibt:

I. daß der Gegenstand nach §§ 1 und 2 nicht patentfähig war,

II. daß die Erfindung Gegenstand des Patents eines früheren Anmelders ist,

III. daß der wesentliche Inhalt der Anmeldung den Beschreibungen, Zeichnungen, Modellen, Gerätschaften oder Einrichtungen eines anderen oder einem von diesem angewendeten Verfahren ohne Einwilligung desselben entnommen war.

Trifft eine dieser Voraussetzungen (I bis III) nur teilweise zu, so erfolgt die Erklärung der Nichtigkeit durch entsprechende Beschränkung des Patents.

Der zu I angegebene Nichtigkeitsgrund betrifft die mangelnde Patentfähigkeit des Gegenstandes des erteilten Patents. War dieser Gegenstand zur Zeit der Anmeldung keine Erfindung im patentrechtlichen Sinne oder nicht gewerblich verwertbar, oder war die Erfindung vor ihrer Anmeldung in öffentlichen Druckschriften aus den letzten hundert Jahren bereits beschrieben oder im Inlande offenkundig benutzt, oder war die Erfindung gemäß Ziff. 1 oder 2 des § 1 von der Patenterteilung ausdrücklich ausgeschlossen, so unterliegt das zu Unrecht erteilte Patent der Vernichtung. Was über die Bedeutung der patentrechtlichen Erfindung und über die Voraussetzungen der Patentfähigkeit im ersten Abschnitt des Beitrages I ausgeführt ist, gilt in gleicher Weise für die Patentvernichtung wie für die Patenterteilung.

Der zu II angegebene Nichtigkeitsgrund beruht auf dem Grundsatze, daß das, was einmal durch Patent geschützt worden ist, auf Grund einer späteren Anmeldung nicht nochmals unter

Schutz gestellt werden kann[1]). Was die Allgemeinheit durch das Opfer eines Patents einmal erkauft hat, braucht sie nicht ein zweites Mal zu erkaufen. Die Erfindung wird mit Wegfall des auf die erste Anmeldung erteilten Patents Gemeingut. Das einem späteren Anmelder auf den gleichen Gegenstand zu Unrecht erteilte Patent unterliegt daher der Vernichtung, ohne daß es, entgegen dem Wortlaut des Gesetzes, darauf ankommt, ob das Patent des ersten Anmelders zur Zeit der späteren Anmeldung noch in Kraft war oder nicht[2]). Dieser Grundsatz schließt indessen nicht aus, daß auf zwei gleichzeitig eingereichte Anmeldungen erteilte Patente zu Recht bestehen, weil hier keinem der beiden Patente die andere Anmeldung entgegensteht. Ist zuerst auf die jüngere Anmeldung ein Patent erteilt, so hindert dies nicht, daß später auch dem älteren Anmelder auf den gleichen Gegenstand ein Patent erteilt wird. Hier ist von den beiden zur Erteilung gekommenen Patenten nur das zuerst erteilte, nicht das zuletzt erteilte nichtig. Das dem jüngeren Anmelder erteilte Patent ist auch dann nichtig, wenn das ältere Patent selbst wegen Entnahme nichtig ist[3]). Ist das dem älteren Anmelder erteilte Patent gemäß I nichtig, so ist auch das jüngere Patent, soweit es auf den gleichen Gegenstand erteilt ist, aus dem gleichen Grunde nichtig, und die Tatsache, daß zugleich das ältere nichtige Patent als solches einen Nichtigkeitsgrund bildet, hat nur insofern praktische Bedeutung, als dies zur Vereinfachung des Verfahrens dienen kann.

Die zu I und II vorliegende Nichtigkeit kann von jedermann geltend gemacht werden. Das erteilte Patent ist hier absolut nichtig, weil die Allgemeinheit durch den geschützten Gegenstand keine Förderung erfahren hat und folglich durch die Patenterteilung im Gewerbe ohne Grund beschränkt ist.

Der zu III angegebene Grund betrifft den Fall der Entnahme[4]). Hier ist die Allgemeinheit durch die Erteilung des Patents nicht beschwert. Denn das Gewerbe hat durch die

---

[1]) Vgl. Beitrag IV S. 25f.
[2]) Vgl. Beitrag I S. 51.
[3]) Vgl. Beitrag I S. 67.
[4]) Vgl. Beitrag I S. 62f. und GR. 1907 S. 217f.

unberechtigte Anmeldung gerade so gut eine Förderung erfahren, als wenn die Anmeldung vom Berechtigten selbst ausgegangen wäre. Benachteiligt ist hier nur derjenige, dem das Recht an der zu Unrecht angemeldeten Erfindung zustand. Nur der Verletzte (§ 28 Abs. 2) oder sein Rechtsnachfolger, nicht aber ein jedes beliebige Glied der Allgemeinheit, kann sich auf die begangene Rechtsverletzung, die nur die Beteiligten angeht, berufen. Nur er und kein anderer hat darüber zu entscheiden, ob er die Nichtigkeit geltend machen oder ob er auf anderem Wege, z. B. durch gerichtliche Klage auf Übertragung des Patents, sein Recht suchen oder ob er die begangene Rechtsverletzung stillschweigend hinnehmen will. Diese Nichtigkeit ist daher auch eine heilbare; sie wird durch nachträgliche Genehmigung der Rechtsverletzung seitens des Verletzten geheilt, während die absolute Nichtigkeit unheilbar ist.

Ist das Patent gemäß I oder II absolut nichtig, so kommt daneben der Nichtigkeitsgrund der Entnahme praktisch gewöhnlich nicht in Frage. Indessen ist die Nichtigkeitsklage wegen Entnahme auch hier keineswegs ausgeschlossen.

Zwar ist die Erfindung, wenn sie druckschriftlich veröffentlicht oder im Inlande offenkundig benutzt wurde, damit Gemeingut geworden. Aber dies beseitigt nicht die Tatsache, daß sie der Geistesschöpfung eines Erfinders zu verdanken ist. Der Umstand, daß der erfundene Gegenstand Gemeingut geworden ist, gibt also einem Dritten kein Recht, sich durch Anmeldung beim Patentamte das Urheberrecht an dieser Erfindung anzumaßen.

Hiergegen kann nicht wohl geltend gemacht werden, daß ein gemäß § 2 des PG. druckschriftlich veröffentlichter oder offenkundig benutzter Gegenstand, objektiv betrachtet, überhaupt keine Erfindung sei, und daß es demnach logisch unmöglich sei, durch Anmeldung dieses Gegenstandes eine Erfindung zu entnehmen. Denn es handelt sich hier um das Erfinder*recht*, bei welchem die Erfindung im subjektiven Sinne in Betracht kommt. Überdies ist der Fall kein seltener, daß eine sowohl subjektiv wie objektiv vorliegende Erfindung erst nachträglich gemäß § 2 des PG. ihre Neuheit verliert. Hier ist jedenfalls auch objektiv eine Erfindung gemacht worden, die Gegenstand der Entnahme sein kann. Hat hier der Erfindungsberechtigte, z. B. der Fiskus für eine Erfindung auf dem Gebiete der Gesundheitspflege, absichtlich die Anmeldung unterlassen und erhält demnächst ein Unbefugter zufolge Entnahme für den Gegenstand ein Patent, das er fünf Jahre der Kenntnis des Berechtigten zu entziehen weiß, so muß auch nach Ablauf von fünf Jahren noch eine Nichtigkeitsklage wegen Entnahme statthaft sein.

Der Erfindungsberechtigte kann seine Erfindung auch nicht bloß in einem Lande, sondern in allen Kulturstaaten anmelden. Ist er in einem Lande vom Patentschutz wegen mangelnder Neuheit ausgeschlossen, so braucht dies nicht ebenso in jedem anderen Lande der Fall zu sein. Es steht wohl auch außer Zweifel, daß eine im Auslande durch offenkundige Benutzung bereits Gemeingut gewordene Erfindung durch Anmeldung im Inlande entnommen werden kann.

Wird nun auf eine rechtswidrige Anmeldung das Patent erteilt, obwohl die Erfindung druckschriftlich vorveröffentlicht oder im Inlande offenkundig vorbenutzt war, so hat sich damit die Entnahme vollzogen, und folglich ist der Verletzte auch berechtigt, gegen das Patent mit der Nichtigkeitsklage wegen Entnahme vorzugehen. Ob er aus Lässigkeit oder Unkenntnis eine eigene Anmeldung versäumt hat, oder ob er den Gegenstand überhaupt nicht unter Patentschutz stellen wollte, ist dabei ohne Bedeutung. Er ist nicht bloß als Mitglied der Allgemeinheit, sondern zugleich in seinem Urheberrechte verletzt, da das erteilte Patent ihn hindert, seine eigene Erfindung gewerbsmäßig zu benutzen. Ob er aus dem einen oder dem anderen Grunde das Patent angreifen will, bleibt ihm allein überlassen.

Wird die Nichtigkeitsklage hier nur auf Entnahme gestützt, so hat das Patentamt auch gar nicht zu prüfen, ob das Patent zugleich absolut nichtig ist. Denn ein absolut nichtiges Patent darf nur auf Antrag, nicht aber von Amts wegen für nichtig erklärt werden. Ein absoluter Nichtigkeitsgrund ist aber nicht anhängig geworden. Aber auch, wenn der Patentinhaber seinerseits den Einwand erhebt, daß das Patent absolut nichtig sei, darf aus diesem Grunde das Patent nicht vernichtet werden. Denn ein Antrag des Patentinhabers selbst auf Vernichtung ist nicht statthaft. Kann hiernach das Patent nicht für absolut nichtig erklärt werden, so darf ebensowenig auf Grund des Einwandes der absoluten Nichtigkeit die Klage abgewiesen werden. Das Patentamt ist nicht befugt, die Behauptung des Beklagten, z. B. daß der Gegenstand der Erfindung offenkundig vorbenutzt sei, auf ihre Richtigkeit nachzuprüfen. Die bloße Behauptung des Patentinhabers hat aber für sich allein keine prozessuale Bedeutung und rechtfertigt es nicht, die absolute Nichtigkeit damit als festgestellt anzusehen[5]). Dies würde den Patentinhaber in einem späteren, wegen des absoluten Nichtigkeitsgrundes anhängig gemachten Verfahren auch nicht hindern, seine Erklärung zu widerrufen oder geltend zu machen, daß er für seine Person zwar die Rechtsauffassung habe, daß der zugestandene Vorgang eine offenkundige Vorbenutzung im Rechtssinne enthalte, daß aber nicht seine Ansicht, sondern die Rechtsauffassung des Patentamts maßgebend sei. Die Frage der absoluten Nichtigkeit scheidet also bei der Nichtigkeitsklage wegen Entnahme auch prozessual vollkommen aus.

Wer die Vernichtung des Patents wegen Entnahme beantragt, muß beweisen, daß der wesentliche Inhalt der Anmeldung seinen Beschreibungen, Zeichnungen, Modellen, Gerätschaften oder Einrichtungen oder einem von ihm angewendeten Verfahren entnommen ist[6]).

Hierbei ist zu beachten, daß der gleiche Gegenstand von verschiedenen Urhebern selbständig erfunden werden kann. Wie zahlreich die Fälle der Doppelerfindung sind, beweist die häufige Anwendung des § 3 Abs. 1 des PG. in der patentamtlichen Praxis. Ist hiernach praktisch damit zu rechnen, daß der gleiche Gegenstand von verschiedenen Personen selbständig erfunden wird, so läßt sich auch nicht sagen, daß dem Erfinder ein Recht an der Erfindung zustehe, sofern man hier die Erfindung im objektiven Sinne betrachtet und darunter den er-

---

[5]) Vgl. auch Bl. 1894/95 S. 247 RG.

[6]) Vgl. § 3 Abs. 2 des PG.

fundenen Gegenstand versteht. Richtig ist nur, daß dem Erfinder das Urheberrecht an seiner eigenen geistigen Schöpfung zusteht.

Diese geistige Schöpfung des Urhebers unterscheidet sich bei der Doppelerfindung von der Schöpfung eines anderen Urhebers, theoretisch betrachtet, nicht durch ihren Inhalt, sondern nur durch ihren Ursprung. Der Ursprung der Erfindung im Kopfe des Erfinders entzieht sich aber der Feststellung. Nur aus der Kundgebung der Erfindung in einer für die Außenwelt wahrnehmbaren Form kann ein mehr oder weniger sicherer Rückschluß auf den Ursprung der Erfindung gezogen werden. Soll also der Ursprung der Erfindung festgestellt werden, so muß geprüft werden, ob und in welcher Form die Erfindung kundgegeben ist.

Soll eine Erfindung für die Außenwelt überhaupt in Betracht kommen, so muß sie in irgendeiner Form zum ersten Male kundgegeben sein, so daß ihre Kenntnisnahme durch andere und damit zugleich eine Entnahme möglich ist. Die Formen, in denen eine Erfindung kundgegeben werden kann, sind im Gesetze vollständig angegeben, und zwar genügt jede, also auch eine mündliche Beschreibung, wenn andere Personen von ihr Kenntnis nehmen können. Aus der erstmaligen Kundgebung kann sich die Kenntnis von der Erfindung weiterverbreiten; es kommt dann zu erneuten Kundgebungen, die indessen als bloße Wiederholungen keine selbständige Bedeutung besitzen, weil sie immer nur dieselbe Schöpfung kundtun. Jede Schöpfung muß sich hiernach in irgendeiner Form erstmalig kundgegeben haben, und es kommen folglich ebensoviel verschiedene Erstkundgebungen in Betracht, als selbständige Schöpfungen vorliegen.

Eine Entnahme der Erfindung durch rechtswidrige Anmeldung wird aber nur in bezug auf denjenigen Urheber begangen, aus dessen Erstkundgebung, einschließlich ihrer Gefolgschaft von Wiederholungen, die Erfindung entnommen ist. Der Nichtigkeitskläger muß also beweisen, daß die Anmeldung seiner Kundgebung entstammt, wobei er indessen gemäß § 3 Abs. 2 des Beweises enthoben ist, daß seine Kundgebung eine erste

Kundgebung war[7]). Dem Patentinhaber steht dann der Gegenbeweis frei, daß auch die Beschreibung des Klägers keine eigene, sondern die Wiederholung einer fremden Beschreibung gewesen sei.

Der Beweis der Entnahme ist hiernach leicht zu führen, wenn der Nichtigkeitskläger selbst dem Beklagten seinerzeit die Erfindung mitgeteilt hatte. Dagegen kann der Beweis sehr schwierig sein, wenn zwischen den beiden Parteien keine Verbindung bestanden hat. Denn hier ist der Nachweis erforderlich, daß die Kundgebung, aus welcher der Beklagte die Erfindung entnommen hatte, nur die Wiederholung einer früheren Kundgebung des Klägers war.

Für die Berechtigung zur Erhebung der Nichtigkeitsklage wegen Entnahme kommt ferner in Betracht, daß die Tatsache der Urheberschaft nicht immer ein Urheberrecht in der Person des Urhebers selbst begründet. Wer als Beauftragter oder Angestellter für den Geschäftsherrn eine Erfindung macht, ist zwar der geistige Urheber der Erfindung, aber er erwirbt das Urheberrecht nicht für sich selbst, sondern für den Geschäftsherrn[8]). Es kann ferner ein ursprünglich in der Person des Urhebers begründetes Recht an der Erfindung später auf einen anderen übergehen. In diesen Fällen findet zwar die Entnahme tatsächlich aus der Beschreibung des Urhebers der Erfindung statt, aber diese Beschreibung, d. h. die beschriebene Erfindung — im Gegensatze zu der gleichen von einem anderen Urheber beschriebenen Erfindung — ist dem Rechte nach die Erfindung des Geschäftsherrn oder des eingetretenen Rechtsnachfolgers geworden, und diese Personen sind folglich zur Nichtigkeitsklage berufen. Denn durch die rechtswidrige Anmeldung wird das Urheberrecht verletzt. Indessen wird man, wenn der geistige Urheber der Erfindung mit einem anderen einen Vertrag über das Urheberrecht abgeschlossen hat, einem Patentinhaber, der sich der Entnahme schuldig gemacht hat und der

---

[7]) Vgl. über diese zunächst nicht ganz leicht zu verstehende, aber sehr einfache und durchaus zweckmäßige Regelung die näheren Ausführungen im GR. 1907 S. 217f.

[8]) Vgl. Beitrag I S. 70f.

weder von einem der Vertragschließenden, noch auch aus dem abgeschlossenen Vertrage selbst ein Recht zur Anmeldung abzuleiten vermag, nicht das Recht zugestehen, sich dem klagenden Urheber gegenüber auf den ihm völlig fremden Vertrag, der nur die Beteiligten angeht, berufen zu dürfen. Da es im übrigen nicht auf die Urheberschaft ankommt, so kann auch der geistige Urheber der Erfindung durch ihre Anmeldung dem Urheberberechtigten gegenüber eine Entnahme begehen, so daß das erlangte Patent nichtig ist[9]).

Es genügt zur Entnahme, daß der wesentliche Inhalt der Anmeldung, d. h. der Erfindungsgedanke, entnommen ist; der Gegenstand der Anmeldung kann ein anderer sein als der vorbeschriebene Gegenstand[10]).

Im Falle I ist die Geltendmachung der Nichtigkeit auf die Zeit von fünf Jahren seit dem Tage der Bekanntmachung der Patenterteilung beschränkt (§ 28 Abs. 3 des PG.). Diese Vorschrift beruht auf der Erwägung, daß es dem Patentinhaber nicht zugemutet werden kann, sich während der ganzen Dauer des Patents gegen Angriffe, die die Patentfähigkeit des patentierten Gegenstandes betreffen, verteidigen zu müssen.

Ob eine Erfindung patentfähig ist, ist in vielen Fällen eine Frage des reinen Ermessens, die je nach dem mehr oder weniger strengen Standpunkte des Beurteilers verschieden beantwortet werden wird. Zwar lassen sich dafür, ob gegenüber dem Stande der Technik ein erheblicher Fortschritt vorliegt und ob dieser Schritt besondere Phantasie erforderte, unter Umständen auch gewisse objektive Anhaltspunkte finden, die die Schwierigkeit, welche der Erfinder zu überwinden hatte, erkennen lassen, im letzten Grunde handelt es sich dabei aber doch um ein Werturteil, bei welchem das subjektive Moment schließlich den Ausschlag gibt. Würde es nun gestattet sein, während der ganzen Dauer des Patents die Frage, ob eine patentfähige Erfindung vorliegt, immer wieder von neuem zum Gegenstande eines Nichtigkeitsverfahrens zu machen, so wäre der Patentinhaber

---

[9]) GR. 1907 S. 216.

[10]) Vgl. Beitrag IV S. 27—28.

in einer mißlichen Lage. Er ist Angriffen von allen Seiten ausgesetzt, da jedermann berechtigt ist, gegen ihn Klage zu erheben. Unterliegt er auch nur in einem einzigen Falle, so ist sein Patent vernichtet, mag er es vorher auch in noch so vielen Fällen siegreich behauptet haben. Schon hierin liegt eine gewisse Unbilligkeit, welche durch die Vorschrift des § 28 Abs. 3 zeitlich wenigstens abgeschwächt wird[11]). Es kommt ferner in Betracht, daß der Patentinhaber auch in der Verwertung seines Patents in hohem Grade beeinträchtigt wird, wenn er fortwährend Angriffen standzuhalten hat, die von den verschiedensten Seiten gegen ihn gerichtet werden. Zu einem vollen Genusse des Patentrechts gehört ein gesicherter Besitzstand, gegen welchen keine Angriffe, die das Recht selbst leugnen, mehr zulässig sind. Diesen zu gewähren, ist der Hauptzweck der Vorschrift, die nach Ablauf von fünf Jahren Nichtigkeitsklagen wegen mangelnder Patentfähigkeit ausschließt.

Auch der Mangel der Neuheit kann nach Ablauf dieser Zeit nicht mehr geltend gemacht werden. Die Frage, ob der geschützte Gegenstand eine Erfindung enthält, kann nur unter Berücksichtigung des Standes der Technik entschieden werden und ist folglich mit der Frage, ob das Vergleichsmaterial bereits bekannt war, eng verbunden. Es könnte darüber hinaus nur in Frage kommen, ob nicht wenigstens eine offenkundige Vorbenutzung oder druckschriftliche Vorveröffentlichung der Erfindung in völlig identischer Form nach Ablauf von fünf Jahren als Nichtigkeitsgrund noch geltend gemacht werden kann. Diese Frage ist durch die gesetzliche Regelung in § 28 Abs. 3 gleichfalls im verneinenden Sinne entschieden. Ein wesentliches Interesse an einer anderen Regelung könnte hier höchstens der offenkundige Vorbenutzer selbst haben; aber auch er kann keinen erheblichen Nachteil erleiden, weil ihm in jedem Falle das Recht zusteht, die Erfindung gemäß § 5 des PG. für die Bedürfnisse seines eigenen Betriebes weiterzubenutzen.

Gemäß der im Gesetze getroffenen Regelung kann nach

[11]) Eine weitere Milderung liegt darin, daß ein rechtskräftig abgewiesener Kläger die Nichtigkeitsklage aus dem gleichen Grunde nicht von neuem erheben darf (vgl. unten S. 26).

fünf Jahren auch nicht mehr geltend gemacht werden, daß die Erfindung ihrer Natur nach nicht unter das Patentgesetz falle oder vom Patentschutze ausdrücklich ausgeschlossen oder nicht gewerblich verwertbar sei. Auch nach dieser Richtung unterliegt die im Gesetze getroffene Regelung keinem erheblichen Bedenken. Denn hier wird die Patenterteilung regelmäßig schon durch die im Erteilungsverfahren erfolgende amtliche Prüfung verhütet, und wenn dennoch ein Patent erteilt ist, so genügt jedenfalls eine fünfjährige Frist, um das Patent wieder zu beseitigen.

Die zu II und III angeführten Nichtigkeitsgründe können während der ganzen Dauer des Patents geltend gemacht werden. Dies ist einerseits mit Rücksicht auf die kollidierenden privatrechtlichen Interessen erforderlich, und andererseits bedarf der Patentinhaber hier keines besonderen Schutzes, weil das Patent den dabei in Betracht kommenden Nichtigkeitsklagen nur eine geringe Angriffsfläche bietet.

Die fünfjährige Verjährungsfrist kann vom Patentinhaber dazu mißbraucht[12]) werden, ein auf schwachen Füßen stehendes Patent dadurch zu retten, daß er, um einer Nichtigkeitsklage zu entgehen, während der ersten fünf Jahre jede Patentverletzung stillschweigend duldet. Ist aber sein Patent nach Ablauf der Frist gesichert, so kann er nunmehr gegen die Patentverletzer vorgehen, die dann um so mehr geschädigt werden, als sie im Vertrauen, daß der Patentinhaber seinem Patente nur eine ganz beschränkte Deutung gebe oder weil ihnen das Patent überhaupt entgangen ist, im Betriebe kostspielige Einrichtungen getroffen haben, die für sie nutzlos werden, wenn sie die Ansprüche des Patentinhabers nicht befriedigen. Hiergegen ist gesetzliche Abhilfe notwendig.

Die Vorschrift des § 28 Abs. 3 hat nur für das Nichtigkeitsverfahren Bedeutung. Die geschützte Erfindung ist im Patentanspruche gekennzeichnet. Diese Kennzeichnung darf auf Grund der §§ 1 und 2 des PG. nach fünf Jahren nicht mehr angegriffen werden. Die patentierte Erfindung darf also auf Grund eines

---

[12]) Vgl. Damme, Deutsches Patentrecht S. 457.

solchen Angriffs weder im ganzen, noch auch in einem einzelnen Kennzeichen des Patentschutzes entkleidet werden.

Für den gerichtlichen Schutz kommt die Vorschrift dagegen nicht in Betracht. Die Gerichte haben die patentierte Erfindung grundsätzlich so, wie sie gekennzeichnet ist, zu schützen[13]). Sie dürfen also auch während der ersten fünf Jahre einem vom Patentamt als wesentlich gekennzeichneten Merkmale die ihm danach für den Patentschutz zukommende Bedeutung nicht absprechen und haben sich nach dieser Richtung hin auf die Frage der Neuheit überhaupt nicht einzulassen. Soweit aber die Gerichte den Schutzbereich des Patents nach dem Stande der Technik selbständig festzustellen haben, kommt für sie der § 28 Abs. 3 gleichfalls nicht in Betracht. Sie sind also nicht gehindert, auch nach Ablauf der fünf Jahre noch die Feststellung zu treffen, daß die gestellte Aufgabe nicht mehr neu oder daß eine andere Lösung der Aufgabe bereits bekannt und der Patentschutz deshalb ein beschränkter sei. Denn diese Feststellung hat mit den Kennzeichen der Erfindung nichts zu tun[14]). Wären die Gerichte gehindert, nach Ablauf der fünf Jahre eine solche, den Patentschutz beschränkende Feststellung zu treffen, während sie vor Ablauf der Frist eine solche Feststellung treffen könnten, so würde nach Ablauf der fünf Jahre der Patentschutz ein weiterer sein als vorher. Dies ist aber nicht der Zweck der in § 28 Abs. 3 getroffenen Vorschrift. Diese Vorschrift will vielmehr nur verhindern, daß das Patent nach Ablauf der Frist auf Grund der §§ 1 und 2 vernichtet oder beschränkt wird. Der Schutzbereich der Erfindung hingegen ist nach Ablauf der fünf Jahre kein anderer als vorher.

Der Lauf der fünfjährigen Frist beginnt mit der im Reichsanzeiger erfolgten Bekanntmachung, daß das Patent erteilt ist; indessen wird der Tag der Bekanntmachung gemäß § 187 des BGB. in die Frist nicht eingerechnet[15]).

Ob die Vorschrift des § 28 Abs. 3 auch für den Fall gilt, daß der Anmelder unter arglistiger Verschweigung ihm bekann-

[13]) Vgl. Beitrag III S. 17f.

[14]) Vgl. Beitrag IV S. 24.

[15]) Bl. 1907 S. 115 RG., Bl. 1908 S. 8 PA.

ter Patenthinderungsgründe das Patent erschlichen hat, ist streitig[16]). Dies wird verneint werden müssen. Die Patenterschleichung ist kein gesetzlicher Nichtigkeitsgrund; sie kann daher im Nichtigkeitsverfahren überhaupt nicht geltend gemacht werden und folglich auch bei Anwendung der Vorschrift des § 28 Abs. 3 nicht von Bedeutung sein. Im Nichtigkeitsverfahren kommen, soweit es sich nicht um den Fall der Entnahme, also um ein verletztes Privatrecht, handelt, nur objektive Tatbestände in Betracht. Die absolute Nichtigkeit kann nicht von der Person des jeweiligen Patentinhabers abhängig sein. Ist die fünfjährige Frist abgelaufen, so ist damit jeder auf §§ 1 u. 2 des PG. beruhende Nichtigkeitsgrund beseitigt, ohne daß es darauf ankommen kann, ob der Anmelder, der das Patent erschlichen hat, oder ein gutgläubiger Erwerber der Inhaber des Patents ist. Es ist Sache der Beteiligten, sich im gerichtlichen Verfahren gegen den Patentinhaber, der das Patent erschlichen hat, zu wehren[17]). Aber auch dieser Einwand versagt gegenüber einem Patentinhaber, der das Patent gutgläubig erworben hat.

Weitere Nichtigkeitsgründe als die zu I, II und III angegebenen Gründe kennt das Patentamt nicht. Aus andern Gründen kann daher ein Patent nicht für nichtig erklärt werden.

Zwar kann geltend gemacht werden, daß das Patent nur ein Scheinpatent ist, sei es, daß es auf Fälschung beruht oder daß es von einer Amtsstelle erteilt ist, die zur Erteilung nicht berufen ist, z. B. vom Vorpüfer. Hier handelt es sich aber überhaupt nicht um ein mit konstitutiver Kraft erteiltes Patent. Um ein von unberufener Stelle erteiltes Patent aus der Patentrolle zu beseitigen, bedarf es nur einer einfachen Anzeige, der das Patentamt von Amts wegen Folge zu geben hat. Ein besonderes Verfahren ist hierfür im Gesetze nicht vorgeschrieben und erscheint auch nicht erforderlich, da ein solcher Fall, wenn er jemals praktische Bedeutung erlangt, durch den Inhalt der Akten ohne weiteres klargestellt wird. Einwendungen dieser Art kön-

---

[16]) Vgl. Bl. 1904 S. 35 RG., Bl. 1906 S. 39 (40) RG., Bl. 1906 S. 164 RG.

[17]) Vgl. Beitrag IV S. 88.

nen auch im gerichtlichen Verfahren jedem Anspruche des angeblichen Patentinhabers ohne weiteres entgegengesetzt werden.

Auch etwaige Mängel des patentamtlichen Erteilungsverfahrens bilden keinen Nichtigkeitsgrund[18]). Es liegt auch kein Bedürfnis vor, die im Patentgesetz aufgestellten Nichtigkeitsgründe nach dieser Richtung hin zu ergänzen[19]). Denn die aufgeführten Nichtigkeitsgründe erschöpfen vollständig das Interesse, das bei Vernichtung eines Patents in Frage kommen kann.

Ein Patent ist insbesondere nicht deshalb nichtig, weil die Bekanntmachung der Anmeldung versehentlich unterblieben ist. Denn alles dasjenige, was im Wege des Einspruchs gegen die Patenterteilung hätte vorgebracht werden können, kann auch im Wege der Nichtigkeitsklage geltend gemacht werden. Rechtfertigte das vorhandene Material die Versagung des Patents, so rechtfertigt es auch dessen Vernichtung. Rechtfertigte es aber die Versagung des Patents nicht, so vermag es auch die Vernichtung nicht zu rechtfertigen. Die Allgemeinheit ist also in ihrem Angriff gegen das erteilte Patent nicht schlechter gestellt, als sie einer bekanntgemachten und mit einstweiligem Schutz ausgestatteten Anmeldung gegenüber gestellt gewesen wäre. Es würde folglich nur eine ungerechtfertigte Schädigung des Patentinhabers enthalten, wenn sein Patent wegen unterbliebener Bekanntmachung der Anmeldung ohne Rücksicht darauf, ob Abweismaterial vorhanden ist oder nicht, vernichtet würde.

Ebensowenig kann ein erteiltes Zusatzpatent deshalb vernichtet werden, weil das Zusatzverhältnis mit Unrecht als vorhanden angenommen ist[20]). Als Zusatzpatent hat es eine kürzere Dauer, als wenn es als Hauptpatent erteilt wäre. An der Annahme des Zusatzverhältnisses war daher nur der Anmelder im Hinblick auf die Gebührenfreiheit des Zusatzpatents, nicht aber die Allgemeinheit interessiert.

---

[18]) Bl. 1909 S. 205 PA. Bl. 1910 S. 7 PA. Bl. 1911 S. 118 (Ind. 1911 S. 16) RG. Anders die frühere Praxis des Reichsgerichts Bl. 1902 S. 113.

[19]) Vgl. indessen Adler in GR. 1908 S. 165f.

[20]) Bl. 1899 S. 27 RG.

Als Nichtigkeitsgrund kann auch nicht geltend gemacht werden, daß die Anmeldung, welche zur Patenterteilung geführt hat, infolge Versäumung einer Vorbescheidsfrist oder wegen Nichtzahlung der ersten Jahresgebühr innerhalb der Frist von zwei Monaten nach der Bekanntmachung als zurückgenommen gelte. Es handelt sich hier um Tatbestände, die der Gesetzgeber im Patentgesetze ausdrücklich geregelt hat. Die getroffene Regelung muß daher als eine erschöpfende angesehen werden, und daraus folgt, daß diese Tatbestände eine Nichtigkeitsklage nicht begründen können, weil der Gesetzgeber sie unter den Nichtigkeitsgründen nicht aufgeführt hat.

Aber auch im gerichtlichen Verfahren können diese Tatbestände einem erteilten Patente gegenüber nicht geltend gemacht werden. Denn die Frage, ob eine Anmeldung als zurückgenommen zu gelten hat oder nicht, betrifft lediglich das Patenterteilungsverfahren, für welches allein das Patentamt zuständig ist. Sieht das Patentamt die Anmeldung nicht als zurückgenommen an und erteilt es darauf das Patent, so ist dieses Patent rechtsgültig erteilt. Das Gericht muß ein erteiltes Patent respektieren und darf in eine Prüfung darüber nicht eintreten, ob das Patent hätte erteilt oder nicht erteilt werden sollen. Da folglich der Wille des Patentamts für die Patenterteilung bestimmend ist, so muß auch seine Auffassung der dabei in Betracht kommenden Tatbestände allein maßgebend sein.

Anders steht es in dieser Beziehung, wenn für ein erteiltes Patent die weitere Jahresgebühr nicht rechtzeitig entrichtet ist. Gemäß § 9 des PG. erlischt das Patent, wenn die Gebühr nicht rechtzeitig gezahlt ist. Den Eintritt dieser Rechtsfolge vermag auch das Patentamt nicht zu hindern; es ist nicht befugt, ein von Rechts wegen erloschenes Patent wieder in Kraft zu setzen. Die Auffassung des Patentamts darüber, ob die Gebühr rechtzeitig gezahlt ist oder nicht, ist daher nur insoweit maßgebend, als das Patentamt zu einer eigenen Tätigkeit berufen ist. Danach hat das Patentamt das Patent in der Rolle weiterzuführen, wenn es die Zahlung für rechtzeitig erachtet, während es das Patent in der Rolle zu löschen hat, wenn die Gebühr nach seiner Auffassung verspätet gezahlt ist. Die verspätet gezahlte Gebühr hat das Patentamt an den Einzahler zurückzuzahlen; es ist weder verpflichtet, noch auch befugt, die verspätet gezahlte Gebühr auf Verlangen einzubehalten. An einer solchen Einbehaltung hat der Patentinhaber auch kein Interesse, denn die Tatsache der erfolgten Zahlung wird durch die Zurückzahlung nicht beseitigt. Die Gerichte sind hiernach berufen, in einem anhängigen Verfahren die Frage, ob das Patent erloschen ist oder nicht, ohne Rücksicht auf die Patentrolle selbständig zu entscheiden[21]). Dies kann freilich zu dem praktisch höchst unerwünschten Ergebnisse führen, daß das Patentamt seinerseits das Patent in der Rolle weiterführt, während das Gericht dem Patente den Schutz abspricht, oder daß das Gericht das Patent anerkennt, obwohl es vom Patentamte in der Rolle gelöscht ist. Es ist sogar möglich, daß verschiedene mit dem Patent befaßte Gerichte die Frage der Gültigkeit des Patents verschieden entscheiden.

Eine Nichtigkeitsklage ist auch in diesen Fällen selbstverständlich nicht statthaft, da es sich hier nur um das Erlöschen eines zu Recht erteilten Patents, also nicht um ein nichtiges Patent handelt. Aber auch eine gerichtliche Klage gegen den Patentinhaber, daß dieser verurteilt werde, das Patent löschen zu lassen, würde hier nicht zulässig sein. Die Zulassung einer solchen Klage würde den Patentinhaber, der vielleicht schon gegen eine ganze Reihe von andern Gegnern sein Patent gerichtlich zur Geltung gebracht hat, ungerechtfertigt benachteiligen. Nur zwischen den Parteien ist hier Recht zu sprechen; die Allgemeinheit hat der Kläger nicht zu vertreten. Es handelt sich hier nicht um die Kollision zweier Rechte, von welchen das eine dem andern zu weichen hat und deshalb zur Löschung gebracht werden muß, weil es dieses schon durch seine bloße Existenz beeinträchtigt, sondern es handelt sich lediglich darum, vom Patentinhaber erhobene Ansprüche als ungerechtfertigt abzuwehren, und hierauf hat sich also die gerichtliche Entscheidung zu beschränken.

---

[21]) Diese Frage kann unter Umständen eine sehr zweifelhafte sein. (Vgl. z. B. GR. 1908 S. 120f.)

Ebensowenig läßt sich eine Nichtigkeitsklage mit der Behauptung begründen, daß das Patentamt den Beginn des Patents auf einen zu späten Termin festgesetzt habe und daß das Patent folglich, soweit es über seinen eigentlichen Zeitpunkt hinaus verlängert worden ist, nichtig sei. Denn hier handelt es sich nur um die Frage, ob das an und für sich vollkommen gültige Patent durch Zeitablauf erloschen ist. Die Nichtigkeit des Patents kann daraus nicht abgeleitet werden.

Aber auch im gerichtlichen Verfahren kann eine solche Behauptung keine Berücksichtigung finden. Die Gerichte haben zwar zu prüfen, ob das Patent durch Zeitablauf erloschen ist; sie sind hierbei aber an die im rechtskräftigen Patenterteilungsbeschluß kalendermäßig erfolgte Festsetzung des Beginns des Patents gebunden[22]).

Eine ganz andere Frage ist es, welche Priorität für die Nachprüfung auf Neuheit usw. maßgebend ist. Diese Frage ist, wie im Patenterteilungsverfahren, so auch im Nichtigkeitsverfahren und im gerichtlichen Verfahren völlig frei zu entscheiden[23]). Die der Patenterteilung zugrunde liegende Auffassung hierüber ist also für das Nichtigkeitsverfahren in keiner Weise verbindlich. Kommt die Nichtigkeitsabteilung dazu, eine andere Priorität für maßgebend zu erachten, so hat dies selbstverständlich nicht die Bedeutung, daß nun das Patent zu vernichten wäre, sondern dies bedingt nur, daß bei Prüfung der Patenthinderungsgründe die für richtig erachtete Priorität berücksichtigt wird.

Auch ein älterer Gebrauchsmusterschutz auf den gleichen Gegenstand bildet keinen Nichtigkeitsgrund[24]).

Da das Patent durch einen konstitutiven Akt erteilt ist, so bedarf es nach dem Patentgesetze auch eines besonderen Aktes, um die Patenterteilung wieder rückgängig zu machen. Wer ein Patent verletzt hat und deshalb gerichtlich belangt wird, kann sich nicht darauf berufen, daß das Patent zu Unrecht er-

---

22) GR. 1908 S. 120.

23) Vgl. Beitrag V S. 59f.

24) Bl. 1906 S. 257 RG.

teilt sei. Solange ein Patent nicht für nichtig erklärt ist, muß es vom Verkehr beachtet werden[25]).

Die Vernichtung des Patents setzt ein besonderes Verfahren voraus, das durch die §§ 28ff. des PG. geregelt ist. Für dieses Verfahren ist in erster Instanz das Patentamt, in der Berufungsinstanz das Reichsgericht ausschließlich zuständig. Wird auf Grund dieses Verfahrens das Patent für nichtig erklärt, so ist mit Rechtskraft der Entscheidung die Patenterteilung rückgängig gemacht. Durch die Entscheidung wird festgestellt, daß das Patent von Anfang an nichtig war.

Zur Vernichtung des Patents ist die Beibringung neuen Materials nicht erforderlich. Die Nichtigkeitsabteilung kann lediglich auf Grund anderer Bewertung des schon im Patenterteilungsverfahren berücksichtigten Materials die Nichtigkeit des Patents aussprechen. Die Beibringung neuen Materials ist aber selbstverständlich zulässig, vorausgesetzt, daß es bereits zur Zeit der Anmeldung patenthindernd war.

Bei Prüfung des Materials ist die Nichtigkeitsabteilung, wie bereits bemerkt wurde, an die Feststellung des Anmeldetages, welcher der Patenterteilung zugrunde gelegt ist, nicht gebunden, sondern kann einen andern Anmeldetag, also eine ganz andere Priorität, für die Prüfung als maßgebend ansehen[26]). Es kann auch eine bisher nicht in Betracht gezogene Unionspriorität oder eine Ausstellungspriorität berücksichtigt werden, deren Prüfung im Patenterteilungsverfahren nicht erforderlich schien, weil Abweismaterial aus der Zwischenzeit nicht vorlag.

Gegenstand der Prüfung ist dasjenige, was im Patentanspruch unter Schutz gestellt ist[27]). Eine Erfindung, die nicht Gegenstand des Anspruchs ist, ist nicht patentiert. Stellt sich also heraus, daß die Erfindung, welche der Anmelder unter Schutz stellen wollte, im Anspruch keinen Ausdruck gefunden hat, so kann auch nicht diese Erfindung, sondern nur das, was den Gegenstand des Anspruchs bildet, auf seine Patentfähigkeit

---

[25]) Bl. 1894/95 S. 225 RG.

[26]) Bl. 1896 S. 240 RG. Bl. 1897 S. 241 RG.

[27]) Vgl. darüber Beitrag IV S. 20f.

nachgeprüft werden. Enthält der Anspruch keine Erfindung, so ist das Patent zu vernichten. Es ist nicht zulässig, an die Stelle des patentierten Gegenstandes einen andern zu setzen[28]) und das Patent z. B. dadurch aufrechtzuerhalten, daß das erteilte Vorrichtungspatent in ein Verfahrenspatent umgewandelt wird[29]). Dagegen findet eine freie Interpretation des Anspruchs statt, und unter diesem Gesichtspunkte kann es allerdings zulässig sein, den patentierten Gegenstand als Vorrichtung aufzufassen, obwohl der Patentanspruch den Worten nach ein Verfahren kennzeichnet[30]). Auch eine Umformung des Patentanspruchs ist statthaft, falls nicht dadurch der patentierte Gegenstand geändert oder erweitert wird[31]).

Auch eine Teilvernichtung ist nach § 10 Abs. 2 des PG. zulässig, und zwar nicht nur dann, wenn von mehreren durch verschiedene Ansprüche gekennzeichneten Gegenständen ein einzelner außer Schutz gestellt wird, sondern auch dann, wenn von mehreren patentbegründenden Merkmalen ein einzelnes als nicht eigenartig nachgewiesen wird. Im letzteren Falle bedarf es einer Umformung des Anspruchs. Hier wird dann der Patentschutz ein geringerer, weil es nach der Teilvernichtung dem Gewerbe gestattet ist, Gegenstände, welche dieses Merkmal enthalten, frei zu benutzen, auch wenn sie dem gleichen Zwecke oder Bedürfnisse dienen, wie der patentierte Gegenstand.

Zur Feststellung des Gegenstandes des Patents darf auch die Beschreibung herangezogen werden, und es ist unter Umständen sogar notwendig, auf frühere Ansprüche und Beschreibungen, die sich in den Erteilungsakten vorfinden, zurückzugehen. Indessen hat die Beschreibung keine selbständige Bedeutung, sondern sie darf nur zur Auslegung des Patentanspruchs benutzt werden. Nur der im Anspruche gekennzeichnete Gegenstand ist unter Schutz gestellt.

Enthält die Beschreibung unrichtige Angaben oder theoretische Irrtümer, so ist damit nicht auch schon die Nichtigkeit

[28]) Bl. 1902 S. 44 RG.; Bl. 1904 S. 239 RG.
[29]) Bl. 1913 S. 12 RG.
[30]) Bl. 1912 S. 276 RG.
[31]) Bl. 1912 S. 225 RG.

des Patents gegeben. Es ist nicht die Aufgabe der Patentschrift, wissenschaftlich einwandsfreie Definitionen oder Darstellungen zu bieten, sondern es genügt, wenn sie den erfundenen Gegenstand in seiner Eigenart derart klar und unzweideutig zum Ausdruck bringt, daß Fachleute ihn hiernach zu erkennen und auszuführen vermögen[32]).

Der Antrag auf Einleitung des Nichtigkeitsverfahrens (die Nichtigkeitsklage) ist schriftlich beim Patentamt einzureichen; er muß die Gründe angeben, auf welche die Klage gestützt ist. Enthält die Klageschrift keine Begründung, so gilt der Antrag als nicht gestellt. Die bloße Angabe der gesetzlichen Bestimmungen ohne konkrete Begründung genügt nicht.

Mit dem Antrage ist eine Gebühr von 50 M. zu bezahlen. Erfolgt die Zahlung nicht, so gilt der Antrag als nicht gestellt. Daraus folgt, daß, wenn die fünfjährige Frist zwischen der Einreichung des Antrags und der Zahlung der Gebühr abläuft, die auf §§ 1 u. 2 des Patentgesetzes gestützten Gründe als verspätet vorgebracht gelten[33]).

Der Patentinhaber ist nicht befugt, den Antrag auf Vernichtung seines eigenen Patents zu stellen; er kann nicht Kläger und Beklagter in einer Person sein. Das Nichtigkeitsverfahren ist als Parteiverfahren gesetzlich geregelt. Zwar schafft das Nichtigkeitsverfahren nicht nur zwischen den Parteien, sondern auch für die Allgemeinheit Recht, insofern die Vernichtung des Patents nicht nur für den Kläger, sondern für die Allgemeinheit die Patenterteilung rückgängig macht. Dies bedingt aber nur gewisse Modifikationen des Parteibetriebes und ändert nichts daran, daß das Verfahren in seinen Grundzügen nur ein Parteiverfahren ist, bei welchem der Kläger mit seinem eigenen Interesse zugleich die Interessen der Allgemeinheit vertritt. Würde der Patentinhaber allein Partei sein, so müßte das Patentamt die sonst in Frage kommenden Interessen von Amts wegen ganz allein wahrnehmen, und dies würde wiederum ein besonders geregeltes Verfahren voraussetzen, welches das Patentgesetz neben dem Nichtigkeitsverfahren nicht kennt.

---

[32]) M. u. W. IX S. 196 RG.

[33]) Bl. 1994/95 S. 223 PA.

Da der Patentinhaber selbst die Nichtigkeitsklage nicht erheben kann, so kann er die Klage auch nicht durch eine für diesen Zweck vorgeschobene Person erheben lassen[34]). Die Nichtigkeitsklage ist also auch dann abzuweisen, wenn der Kläger mit seiner Klage ausschließlich die Interessen des Patentinhabers, nicht aber seine eigenen Interessen wahrnimmt. In dieser Beziehung kommt in Betracht, ob der Patentinhaber den Auftrag zur Einreichung der Klage gegeben hat, ob er die Kosten des Verfahrens trägt, ob er die erforderliche Instruktion erteilt u. dgl.

Ein mit seiner Nichtigkeitsklage rechtskräftig abgewiesener Kläger kann die Klage aus dem gleichen Grunde[35]) nicht nochmals erheben. Ihm steht die Einrede der rechtskräftig entschiedenen Sache entgegen[36]). Ob das von ihm beigebrachte Material ein anderes ist, als das in dem früheren Verfahren benutzte Material, ist ohne Bedeutung, sofern es sich um den gleichen gesetzlichen Nichtigkeitsgrund handelt. Es kommt auch nicht darauf an, ob das neue Material dem Kläger bei Erhebung der früheren Klage bereits bekannt war. Ebensowenig wie der Patentinhaber sich darauf berufen kann, daß ihm persönlich das neuheitsschädliche Material unbekannt gewesen sei, ebensowenig kann dem Kläger seine Unkenntnis offenkundiger Vorbenutzungen oder druckschriftlicher Vorveröffentlichungen zustatten kommen. Es ist auch nicht gestattet, die Einrede der Rechtskraft dadurch zu umgehen, daß die Klage durch eine vorgeschobene Person oder einen Geschäftsführer ohne Auftrag[37]) eingereicht wird. In dieser Beziehung gilt dasselbe, was vom Nichtigkeitsantrage einer seitens des Patentinhabers vorgeschobenen Person gilt.

Die Partei- und Prozeßfähigkeit richtet sich nach den Vorschriften des bürgerlichen Rechts[38]) und der Zivilprozeßord-

---

34) Bl. 1902 S. 177 RG.

35) Als Gründe gelten die oben zu I, II und III aufgeführten Nichtigkeitsgründe.

36) Bl. 1899 S. 9 RG.; Bl. 1905 S. 8 RG; Bl. 1906 S. 269 PA.

37) Bl. 1899 S. 9 RG.

38) Vgl. Beitrag V S. 20.

nung (§ 50ff.). Ein Vertreterzwang besteht nicht, auch nicht für Ausländer. Indessen hat der im Auslande wohnende Antragsteller dem Gegner auf dessen Verlangen Sicherheit wegen der Kosten des Verfahrens zu leisten. Die Höhe der Sicherheit wird von dem Patentamt nach freiem Ermessen festgesetzt. Dem Antragsteller wird bei Anordnung der Sicherheitsleistung eine Frist bestimmt, binnen welcher die Sicherheit zu leisten ist. Erfolgt die Sicherheitsleistung nicht vor Ablauf der Frist, so gilt der Antrag als zurückgenommen. Die Pflicht zur Sicherheitsleistung kommt in Wegfall für die Angehörigen der Staaten, die dem auch auf das Nichtigkeitsverfahren anwendbaren[39]) Haager Abkommen vom 17. 7. 1905[40]) beigetreten sind, nämlich außer Deutschland Belgien, Spanien, Frankreich, Italien, Luxemburg, Niederlande, Portugal, Schweiz, Österreich, Ungarn, Dänemark, Norwegen, Rumänien, Rußland und Schweden, jedoch nicht Großbritannien und Vereinigte Staaten von Nordamerika. Die Reichsangehörigen gelten dabei als Inländer und sind deshalb nicht kautionspflichtig[41]). Die Befreiung gemäß dem Haager Abkommen tritt auch dann ein, wenn der Beklagte Angehöriger desselben ausländischen Vertragsstaates ist, wie der Kläger[42]). Kautionsfrei sind auch die Reichsangehörigen und Eingeborenen in den Schutzgebieten[43]).

Die Klage richtet sich gegen den in die Patentrolle eingetragenen Inhaber des Patents[44]), und wenn dieser verstorben ist, gegen dessen Erben. Ist der Patentinhaber in Konkurs verfallen, so richtet sich die Klage gegen den Konkursverwalter. Es genügt indessen, daß der Antragsteller das Patent, dessen Vernichtung beantragt wird, bezeichnet. Eine unrichtige Bezeichnung des Patentinhabers ist also unschädlich, sofern nur

---

[39]) Bl. 1901 S. 296 PA.; Bl. 1903 S. 164 PA.

[40]) Bl. 1909 S. 150 Art. 17f., sowie Ephraim, Die Sicherheitsleistung im Nichtigkeits- und Zurücknahmeverfahren (Leipziger Zeitschrift für Handelsrecht usw. 1911 S. 747).

[41]) Bl. 1906 S. 216 PA.

[42]) Bl. 1905 S. 240 PA.

[43]) Bl. 1902 S. 58 Vf. des Pr. Justizministers.

[44]) PA. 1886 S. 49 (51) RG.

die Patentnummer genannt ist. Denn die Nichtigkeitsklage ist keine Klage im gewöhnlichen Sinne, sondern sie ist ein beim Patentamt gestellter Antrag auf Einleitung des Nichtigkeitsverfahrens[45]). Ist dieser Antrag an und für sich vorschriftsmäßig gestellt, so ist es Aufgabe des Patentamts, den Antrag dem eingetragenen Patentinhaber zuzustellen, ohne daß die falsche Angabe des Antragstellers beachtlich ist. Der Antragsteller hat ebenso viele Abschriften seines Antrages einzureichen, als eingetragene Patentinhaber vorhanden sind.

Ist das Patent erloschen, so ist darum der Antrag, das Patent rückgängig zu machen, nicht gegenstandslos[46]). Denn es handelt sich bei der Vernichtung des Patents nicht bloß darum, das Patent für die Zukunft außer Kraft zu setzen, sondern um die Beseitigung des Patents auch für die Vergangenheit. In diesem Falle ist die Klage gegen den letzten eingetragenen Inhaber oder dessen Erben zu richten. Diese Klage darf indessen nicht zur Schikane mißbraucht werden; sie wird nur dann zugelassen, wenn der Kläger ein besonderes Interesse nachweist, daß das erloschene Patent noch nachträglich für nichtig erklärt werde[47]). Ein solches Interesse kann namentlich in einem anhängigen Zivilprozesse begründet sein. Auch ein Interesse des Urhebers der Erfindung ist ohne weiteres als vorhanden anzuerkennen; denn der Erfinder hat Anspruch darauf, als solcher zu gelten[48]).

Besteht das Patent noch in Kraft, so ist es nicht erforderlich, daß der Kläger an der Vernichtung des Patents ein besonderes Interesse besitzt[49]). Die absolute Nichtigkeit kann ohne jedes Interesse geltend gemacht werden[50]). Erforderlich ist nur, daß die Nichtigkeitsklage dem gesetzlichen Zwecke dient, ein zu Unrecht erteiltes Patent zu beseitigen. Eine Klage,

---

[45]) Bl. 1910 S. 9 (11) RG.

[46]) J. W. 1902 S. 368 Nr. 30 RG.

[47]) Bl. 1907 S. 235 PA.

[48]) 1905 S. 162 RG.

[49]) Ind. 1911 S. 28 (M. u. W. X S. 276) RG.

[50]) Sogar der Lizenznehmer ist zur Erhebung der Klage befugt (Bl. 1913 S. 158 [M. u. W. XII S. 333] RG.).

die lediglich den Zweck verfolgt, die Bedeutung und Tragweite des angegriffenen Patents oder ein zwischen zwei Patenten bestehendes Abhängigkeitsverhältnis im Wege der Interpretation durch das Patentamt klarzustellen, ist unzulässig.

Die Klage braucht sich in ihrem Angriff, wie bereits oben erörtert wurde, nicht gegen das ganze Patent zu richten. Es ist auch ein Antrag zulässig, einen einzelnen von mehreren Ansprüchen zu vernichten oder einen Anspruch durch Teilvernichtung zu beschränken.

Fällt der Kläger in Konkurs, so hat dies auf das Verfahren weiter keinen Einfluß. Die Klage gehört nicht zur Konkursmasse[51]). Eine Unterbrechung des Verfahrens findet also nicht statt, sondern der Kläger setzt das Verfahren fort. Dies gilt auch im Falle der Entnahme, da auch hier ein vermögensrechtliches Interesse nicht erforderlich ist[52]).

Die Nichtigkeitsklage ist vererblich.

Die Zurücknahme der Klage ist der Anstellung einer neuen Klage nicht hinderlich[53]).

Entspricht die Klage den gesetzlichen Anforderungen, so verfügt das Patentamt die Einleitung des Verfahrens.

Das Nichtigkeitsverfahren hat im allgemeinen den Charakter eines Parteiverfahrens. Die amtliche Prüfung hat mit der Erteilung des Patents ihren Abschluß erreicht. Während das Patentamt im Interesse der Erteilung eines gültigen Patents im Erteilungsverfahren die Aufgabe hatte, von Amts wegen alle zur Aufklärung der Sache erforderlichen Ermittlungen vorzunehmen (§ 25), hat es nach der Patenterteilung lediglich der Allgemeinheit es zu überlassen, gegen das erteilte Patent angriffsweise vorzugehen. Es hat hiernach seine Zuständigkeit zur Beurteilung der Frage, ob das Patent nichtig ist, lediglich von den Anträgen abzuleiten, die aus der Allgemeinheit heraus gestellt werden. Das Patentamt ist daher an die Begründung der Klage durch den Nichtigkeitskläger gebunden, und es ist rechtlich behindert, anderes ihm bekannt gewordenes Material

[51]) Bl. 1904 S. 212 PA; 1905 S. 184 RG. u. S. 237 RG.
[52]) Bl. 1906 S. 192 RG.
[53]) Bl. 1894/95 S. 126 RG.

unter Übergehung des Nichtigkeitsklägers von Amts wegen zu berücksichtigen. Daraus folgt auch, daß das Patentamt das Verfahren einzustellen hat, wenn der Nichtigkeitskläger seinen Antrag zurückzieht.

Dies schließt indessen nicht aus, daß das Patentamt innerhalb des Rahmens der gestellten Anträge und des ihm unterbreiteten Tatbestandes von Amts wegen für Klärung aller von ihm zu entscheidenden Fragen Sorge trägt. Das Patentamt ist insbesondere auch an die Ausführungen des Klägers nicht gebunden, sondern es kann eigene Erwägungen anstellen, sowie im Interesse einer Erforschung der materiellen Wahrheit auf eine tatsächliche Ergänzung oder Richtigstellung der vorgebrachten Tatsachen hinwirken. Es darf von diesem Gesichtspunkte aus die Parteien auch auf neues Material aufmerksam machen, das der Kläger sodann zum Zwecke der Ergänzung seiner Klagebegründung heranziehen kann, wenn eine solche Ergänzung zulässig ist[54]).

Das Patentamt ist nicht befugt, über den gestellten Antrag hinauszugehen[55]) und das Patent von Amts wegen ganz für nichtig zu erklären, wenn die Vernichtung nur teilweise beantragt ist. Erachtet das Patentamt die beantragte Teilvernichtung gegebenenfalls für unzulässig, dagegen aber die Vernichtung des ganzen Patents für gerechtfertigt, so hat es dem Kläger anheimzugeben, den Antrag auf Vernichtung des ganzen Patents zu stellen. Stellt der Kläger einen solchen Antrag nicht, so ist die Klage abzuweisen. Eine Erweiterung des gestellten Antrages dahin, daß statt der Teilvernichtung die Vernichtung des ganzen Patents beantragt wird, ist zulässig, und zwar auch dann, wenn der ursprünglich beantragten Teilvernichtung keine Bedenken entgegenstehen.

Die in der Klageschrift angegebenen Gründe bilden die Grundlage für das Verfahren. Der Nichtigkeitskläger ist nicht befugt, das Fundament der Klage einseitig zu ändern. Die Praxis des Patentamts bringt hierbei die Grundsätze der Zivilprozeßordnung über die Klageänderung analog zur An-

---

[54]) Bl. 1899 S. 28; Bl. 1902 S. 204 RG.

[55]) Bl. 1904 S. 219 RG. (anders Bl. 1898 S. 101 PA.).

wendung[56]) und läßt deshalb dann eine Klageänderung zu, wenn der Gegner in seinem nächsten Schriftsatze der Klageänderung nicht widersprochen hat. Als verschiedene Klagegründe gelten die oben angegebenen drei Nichtigkeitsgründe, mangelnde Patentfähigkeit des Gegenstandes, Doppelpatentierung und Entnahme. Innerhalb des Rahmens eines jeden dieser drei Gründe ist es unbeschränkt zulässig, neue Tatsachen oder Gründe vorzubringen[57]). Der Kläger ist in der Begründung seiner Klage auch nicht auf einen einzelnen der drei Gründe beschränkt, sondern er kann die verschiedenen Gründe in einer Klage zusammenbringen. Hat er sich indessen auf einen einzelnen Grund beschränkt, so kann er bei rechtzeitigem Widerspruche des Gegners nicht mehr auf einen anderen Grund hinübergreifen. Außerdem ist es dem Kläger natürlich nicht gestattet, wenn die fünfjährige Frist im Laufe des Nichtigkeitsverfahrens verstrichen ist, nachträglich noch ganz andere Gründe gegen die Patentfähigkeit vorzubringen[58]).

Das Verfahren beginnt damit, daß das Patentamt den Patentinhaber unter Mitteilung des Antrags auffordert, sich über den Antrag innerhalb eines Monats zu erklären. Für den im Auslande wohnenden Patentinhaber ist der inländische Vertreter, dessen Name aus der Rolle ersichtlich ist, zur Vertretung berufen. Bei dieser gesetzlichen Vertretung ist es auch ohne Bedeutung, ob der Patentinhaber verstorben ist[59]). Ist der gesetzliche Vertreter in der Rolle gelöscht, so erfolgt die Zustellung an den Patentinhaber selbst, und zwar, da der Patentinhaber im Auslande wohnt, die Zustellung also im Inlande nicht bewirkt werden kann, durch Aufgabe zur Post. (Vgl. Beitrag V Abschnitt 4.)

Erklärt der Patentinhaber innerhalb der Frist sich nicht, so kann ohne Ladung und Anhörung der Beteiligten sofort nach dem Antrage entschieden und bei dieser Entscheidung

---

[56]) Vgl. auch Bl. 1910 S. 8 RG.
[57]) Bl. 1904 S. 265 RG.
[58]) Bl. 1911 S. 247 RG.
[59]) Pbl. 1886 S. 49 RG.

jede von dem Antragsteller behauptete Tatsache für erwiesen angenommen werden. Es steht also im freien Ermessen des Patentamts, welche Folgerungen aus der Versäumnis des Beklagten zu ziehen sind. Denn wenn auch das Nichtigkeitsverfahren im allgemeinen den Charakter eines Parteiverfahrens hat, so schafft doch die Entscheidung, durch welche ein Patent vernichtet wird, nicht nur für die Parteien, sondern für die Allgemeinheit Recht. Das Patentamt hat nur ein wirklich nichtiges Patent durch Entscheidung für nichtig zu erklären. Die Vernichtung des Patents, mag es sich um absolute oder um relative Nichtigkeit handeln, ist der Parteidisposition entzogen. Sonst könnten die Parteien das Verfahren dazu mißbrauuchen, Rechte anderer zu schädigen.

Ein Verzicht auf das angegriffene Patent macht die Klage nicht gegenstandslos[60]). Denn der Verzicht wirkt nicht für die Vergangenheit. Die Nichtigkeitsklage bezweckt aber den Ausspruch, daß das erteilte Patent von Anfang an nichtig gewesen sei. Auch die Anerkennung der Nichtigkeit durch den Patentinhaber ist nichts weiter als eine Kundgebung, daß er das als nichtig angefochtene Patent gleichfalls für nichtig erachte.

Andere Personen können dem Verfahren als Nebenintervenienten beitreten, vorausgesetzt, daß sie an dem Obsiege des Klägers oder des Beklagten ein Interesse haben. Dabei finden die Grundsätze der Zivilprozeßordnung (§§ 66 bis 71) analoge Anwendung. Um dem Kläger als Nebenintervenient beitreten zu können, genügt jedoch das allgemeine Interesse, das jedes Glied der Allgemeinheit an der Vernichtung des Patents hat, noch nicht; es muß vielmehr ein besonderes Interesse, z. B. daß der Nebenintervenient vom Patentinhaber wegen Patentverletzung verklagt oder mit einer Klage bedroht ist, dargelegt werden[61]). Liegt ein solches Interesse vor, so steht es dem Beitritt auch nicht entgegen, daß der Nebenintervenient selbst eine Klage aus dem gleichen Grunde nicht mehr erheben kann,

---

60) Bl. 1894/95 S. 247 PA.

61) Bl. 1896 S. 152 RG.; Bl. 1912 S. 323 (M. u. W. XII S. 189) RG.

weil die für die Geltendmachung vorgeschriebene fünfjährige Frist inzwischen abgelaufen ist[62]) oder weil er mit einer eigenen Klage aus dem gleichen Grunde bereits rechtskräftig abgewiesen ist.

Auf seiten des Beklagten kommen als Nebenintervenienten namentlich Lizenznehmer in Betracht. Außerdem liegt für denjenigen ein Anlaß zum Beitritt als Nebenintervenient vor, der ein durch Nichtigkeitsklage angegriffenes Patent aus irgendeinem Grunde, z. B. wegen Entnahme, für sich selbst in Anspruch nimmt und auf Übertragung des Patents Klage erheben will; auf diesem Wege kann der Berechtigte insbesondere auch einem arglistigen Verhalten der Parteien, die im beiderseitigen Einverständnisse, um das Patent zu Fall zu bringen und dadurch den Berechtigten zu schädigen, ein Nichtigkeitsverfahren wegen Entnahme in Szene gesetzt haben, mit Erfolg entgegentreten.

Die Nebenintervention muß schriftlich erfolgen. Sie ist in jeder Lage des Rechtsstreits bis zur rechtskräftigen Entscheidung desselben, auch in Verbindung mit der Einlegung eines Rechtsmittels, zulässig. Der Nebenintervenient muß den Rechtsstreit in der Lage annehmen, in welcher sich dieser zur Zeit seines Beitritts befindet. Er ist berechtigt, Angriffs- und Verteidigungsmittel geltend zu machen und alle Prozeßhandlungen wirksam vorzunehmen. Die in § 67 der ZPO. getroffene Beschränkung findet im Nichtigkeitsverfahren keine Anwendung, da es sich hier um die Ermittelung der materiellen Wahrheit handelt und die zu treffende Entscheidung nicht nur zwischen den Parteien, sondern für die Allgemeinheit Recht schafft.

Gegen die Entscheidung, durch welche im Verfahren vor dem Patentamt die Nebenintervention für zulässig oder für unzulässig erklärt wird, findet gemäß § 16 des PG. Beschwerde statt, über welche von der Beschwerdeabteilung des Patentamts Entscheidung getroffen wird[63]). Solange nicht die Unzulässigkeit der Nebenintervention endgültig ausgesprochen ist, wird der Intervenient zum Verfahren zugezogen.

---

[62]) Bl. 1902 S. 5 RG.

[63]) Bl. 1906 S. 246 PA.

Nach Zurücknahme der Nichtigkeitsklage kann der Nebenintervenient nicht das Verfahren allein weiterbetreiben[64]).

Auch eine Streitverkündung gemäß § 72 der Zivilprozeßordnung kann im Nichtigkeitsverfahren stattfinden[65]). Tritt der Dritte dem Verfahren bei, so kommen die Grundsätze von der Nebenintervention zur Anwendung.

Die seitens der Parteien oder der sonst Beteiligten eingereichten Schriftsätze werden dem Gegner von Amts wegen zur Äußerung mitgeteilt, falls das Patentamt zum Zwecke weiterer Klärung eine Äußerung für geboten erachtet. Bestimmte Regeln über die Beweislast gibt es nicht. Für solche Regeln ist im Nichtigkeitsverfahren, das die materielle Wahrheit festzustellen hat, kein Raum. Indessen gilt auch hier der Grundsatz, daß eine bloße Behauptung nicht ohne weiteres als wahr angenommen werden kann. Wer eine Behauptung aufstellt, hat daher auch Anlaß, die dafür zur Verfügung stehenden Beweise anzugeben. Das Patentamt hat von Amts wegen Sorge zu tragen, daß der Sach- und Streitstand geklärt wird, und es hat durch Aufnahme von Beweisen dahin zu wirken, daß die materielle Wahrheit auch wirklich zur Geltung kommt. Sind nach dieser Richtung hin alle zur Verfügung stehenden Mittel erschöpft, so hat das Patentamt das vorhandene Material nach freiester Überzeugung zu würdigen, ohne dabei an irgendwelche Regeln gebunden zu sein. Dies gilt insbesondere auch dann, wenn über die Ausführbarkeit der Erfindung Streit besteht. Auch hier hat das Patentamt nicht nach formalen Beweisregeln zu verfahren, also nicht auf die Ermittlung der formalen, sondern der materiellen Wahrheit bedacht zu sein.

Bedarf es eines Beweises, dessen Aufnahme mit Kosten verknüpft ist, so kann das Patentamt von der Partei, die es für beweispflichtig erachtet, einen Kostenvorschuß in der erforderlichen Höhe verlangen. Wird der Vorschuß nicht bezahlt und unterbleibt infolgedessen die Beweisaufnahme, so hat das Patentamt nach freiem Ermessen daraus seine Schlüsse

---

[64]) Bl. 1905 S. 24 PA.

[65]) Vgl. Lutter im M. u. W. XI S. 1f.

zu ziehen[66]. Handelt es sich um die Behauptung der offenkundigen Vorbenutzung der Erfindung, so kommen tatsächlich die zivilprozessualen Regeln über die Beweislast zur Anwendung, da sie sich für diese Fälle von selbst ergeben[67]. Die Beweismittel der Eideszuschiebung und des richterlichen Ergänzungseides, die nur für ein reines Parteiverfahren passen, sind im Nichtigkeitsverfahren überhaupt ausgeschlossen. Die Nichtigkeit eines Patents kann nicht von dem Eide einer Partei abhängig sein.

Als Beweismittel kommen namentlich Vorführungen vor dem Patentamte oder vor besonders bestellten Sachverständigen, Gutachten, Urkunden und Zeugenaussagen in Betracht. Gegen Beweisbeschlüsse findet eine Beschwerde nicht statt[68]. Auf die Vernehmung von Zeugen[69] und Sachverständigen finden die Vorschriften der Zivilprozeßordnung (§§ 373 bis 414) entsprechende Anwendung. Die Zeugen und Sachverständigen können außer vor der Nichtigkeitsabteilung auch vor einem oder mehreren beauftragten Mitgliedern oder durch einen ersuchten Richter vernommen werden. Die Beweisverhandlungen sind unter Zuziehung eines beeidigten Protokollführers aufzunehmen. Indessen sind auch Beweiserhebungen in anderer Form nicht ausgeschlossen, da dem Ermessen des Patentamts nach dieser Richtung keine Schranke gesetzt ist. Das Patentamt kann sich daher, ehe es die Vernehmung von Zeugen anordnet, durch Anfrage bei diesen vergewissern, ob sie etwas Sachdienliches auszusagen vermögen, und daraufhin nach freiem Ermessen von der Vernehmung Abstand nehmen[70]. Indessen findet bei einem solchen formlosen Verfahren ein Zeugniszwang nicht statt. Ein Zeugniszwang setzt die Beobachtung der Vorschriften der Zivilprozeßordnung voraus. Die ordentlichen Gerichte sind verpflichtet, dem Patentamte in der Vernehmung von Zeugen und Sachverständigen Rechtshilfe zu gewähren.

[66]) Vgl. hierzu Bl. 1904 S. 170 RG. und Bl. 1906 S. 217 RG.

[67]) Wegen der für die Entnahme geltenden Beweispräsumtion vgl. oben S. 11.

[68]) Bl. 1913 S. 202 PA.

[69]) Über interessierte Zeugen vgl. Bl. 1914 S. 4 RG.

[70]) Bl. 1909 S. 279 RG.

Die Parteien und Nebenintervenienten können nicht als Zeugen vernommen werden. Vom Zeugnisse ausgeschlossen sind auch diejenigen, welche die Klage durch eine vorgeschobene Person haben erheben lassen, während das Verfahren in Wirklichkeit für ihre eigene Rechnung und in ihrem alleinigen Interesse betrieben wird[71]).

Eine Beweisaufnahme kann jederzeit, also auch schon vor der mündlichen Verhandlung, lediglich auf Grund der gewechselten Schriftsätze beschlossen und veranlaßt werden.

Erscheint die mündliche Verhandlung durch die gewechselten Schriftsätze genügend vorbereitet, so wird ein Verhandlungstermin anberaumt, zu welchem sämtliche Beteiligte geladen werden. Einer mündlichen Verhandlung bedarf es auch dann, wenn das Patentamt, obwohl der Patentinhaber eine schriftliche Gegenerklärung innerhalb der gestellten Frist nicht abgegeben hat, Bedenken trägt, sofort nach dem Antrage des Klägers zu entscheiden. In der mündlichen Verhandlung, die unter Ausschluß der Öffentlichkeit erfolgt, da das Nichtigkeitsverfahren geheim ist, erhalten die Beteiligten zu ihren Ausführungen und Gegenausführungen das Wort. Das Patentamt hat dabei durch Fragen auf Klärung zweifelhaft gebliebener Tatbestände hinzuwirken. Die mündliche Verhandlung hat hier nicht die gleiche Bedeutung wie bei der bürgerlichen streitigen Gerichtsbarkeit, die vom Grundsatze der Mündlichkeit beherrscht wird. Das Nichtigkeitsverfahren ist ungeachtet der mündlichen Verhandlung ein schriftliches, und die Verhandlung dient nur dazu, den Sach- und Streitstand weiter zu klären und dem Patentamte wie den Parteien Gelegenheit zu geben, Unklarheiten und Mißverständnisse durch mündliche Erörterung zu beseitigen.

Hat nach der mündlichen Verhandlung eine Beweisaufnahme stattgefunden, so ist es gesetzlich nicht erforderlich, daß den Parteien in einer neuen mündlichen Verhandlung Gelegenheit gegeben wird, sich über das Ergebnis der Beweisaufnahme zu äußern. Es genügt, daß die Gelegenheit schriftlich gewährt

---

[71]) Bl. 1894/95 S. 285 RG.

wird[72]). Selbstverständlich ist aber in diesem Falle wie in anderen Fällen eine Wiederholung der mündlichen Verhandlung nicht ausgeschlossen. Es entscheidet darüber allein das Ermessen des Patentamts. Eine Wiederholung der mündlichen Verhandlung ist nur dann gesetzlich erforderlich, wenn in dem an der Verhandlung beteiligten Richterkollegium ein Wechsel eintritt.

Die Entscheidung der Nichtigkeitsabteilung muß in einer Besetzung von zwei rechtskundigen und drei technischen Mitgliedern erfolgen; zu anderen Beschlußfassungen genügt die Mitwirkung von drei Mitgliedern. Zwei Mitglieder fungieren als Berichterstatter.

Die Entscheidung wird in der Regel mündlich verkündet, obwohl eine Verkündung nicht vorgeschrieben ist. Das Patentgesetz selbst hat nur die Vorschrift aufgestellt, daß die Entscheidungen mit Gründen zu versehen, schriftlich auszufertigen und allen Beteiligten von Amts wegen zuzustellen sind (PA. § 15). Mit Rücksicht hierauf ist es streitig, ob die verkündete Entscheidung für das Patentamt verbindlich ist oder ob erst die Zustellung der schriftlichen Entscheidung den maßgebenden Akt bildet[73]).

In der Entscheidung hat das Patentamt nach freiem Ermessen zu bestimmen, zu welchem Anteile die Kosten des Verfahrens den Beteiligten zur Last fallen. Zu den Kosten des Verfahrens gehören auch die Kosten einer Nebenintervention.

Im Falle einer Zurücknahme der Klage sind dem Kläger die Kosten des Verfahrens aufzuerlegen, sofern nicht der Wille des Klägers, die Kosten nicht übernehmen zu wollen, ausdrücklich ausgesprochen oder aus den Umständen zu entnehmen ist[74]). Hat hiernach der Kläger die Kosten nicht übernommen und andererseits auch der Beklagte seine Kostenpflicht nicht anerkannt[75]), so ist die Entscheidung über die Kosten

---

[72]) Bl. 1910 S. 285 (M. u. W. IX S. 54) RG.

[73]) Vgl. hierüber die Ausführungen im Beitrag V S. 101.

[74]) Vgl. hierzu Bl. 1906 S. 34 PA.; Bl. 1909 S. 156 RG.; Bl. 1911 S. 246 (M. u. W. X S. 277) RG (für das Zurücknahmeverfahren).

[75]) Bl. 1911 S. 245 PA.

davon abhängig, wer in der Hauptsache obgesiegt haben würde. Hier erscheint es am richtigsten, wenn die Nichtigkeitsabteilung sich auf den Standpunkt stellt, daß einer Zurücknahme der Klage, bei welcher von keiner Seite die Kosten übernommen werden, auch für die Hauptsache keine Folge zu geben ist.

Nach Rechtskraft der Entscheidung findet erforderlichenfalls ein Kostenfestsetzungsverfahren statt, auf welches die Bestimmungen der Zivilprozeßordnung (§§ 104ff.) analoge Anwendung finden[76]). Die Vollstreckungsklausel für den Kostenfestsetzungsbeschluß des Patentamts ist vom Vollstreckungsgerichte auf Ersuchen des Patentamts zu erteilen[77]). Die Beschwerde gegen den Beschluß geht gemäß § 16 des PG. an die Beschwerdeabteilung; sie ist gebührenfrei[78]) und an eine Frist nicht gebunden.

Hat eine der beiden Parteien bei Zurücknahme der Klage die Kosten des Verfahrens übernommen und wird daraufhin eine Kostenfestsetzung beantragt, so hat zunächst eine Entscheidung des Patentamts über die Kostenpflicht zu ergehen, und erst nach Rechtskraft dieser Entscheidung ist das Kostenfestsetzungsverfahren einzuleiten.

Im Kostenfestsetzungsverfahren ist erforderlichenfalls auch die vom Kläger gezahlte Nichtigkeitsgebühr zu verrechnen.

Die Nichtigkeitsgebühr wird erstattet, wenn das Verfahren ohne Anhörung der Beteiligten beendet ist. Ohne Anhörung heißt soviel als ohne Gewährung von Gelegenheit zur Anhörung, denn es kann darauf, ob im Termin die eine oder die andere Partei nicht erschienen ist oder nicht das Wort genommen hat, so daß nur ein Beteiligter oder keiner gehört worden ist, nicht ankommen. Die Gelegenheit zur Anhörung wird sinngemäß schon dadurch gewährt, daß die Parteien geladen werden. Erscheinen dann beide Parteien der Ladung

---

[76]) Über die Grundsätze der Kostenfestsetzung vgl. Rathenau, Bl. 1903 S. 296f.

[77]) Bl. 1894/95 S. 13 RG.; Bl. 1907 S. 3 RG.

[78]) Bl. 1902 S. 128 PA.

ungeachtet nicht und kommt es zur Entscheidung, so findet eine Zurückzahlung der Nichtigkeitsgebühr nicht statt[79]).

Gegen die Entscheidung der Nichtigkeitsabteilung findet Berufung statt. Die Berufung geht an das Reichsgericht. Sie ist binnen sechs Wochen nach der Zustellung der Entscheidung bei dem Patentamte schriftlich anzumelden und zu begründen.

Eine Berufung allein wegen der Kosten ist nicht statthaft, wenn das Patentamt in der Hauptsache Entscheidung getroffen hat[80]). Dagegen ist gegen eine nur den Kostenpunkt betreffende Entscheidung Berufung zulässig[81]).

Der Partei, welche obgesiegt hat, steht eine Berufung bloß wegen der Gründe der Entscheidung nicht zu[82]).

Das Berufungsverfahren ist durch ein besonderes Regulativ geregelt, das vom Reichsgericht entworfen und durch Kaiserliche Verordnung unter Zustimmung des Bundesrates festgestellt ist.

Die Berufungsschrift muß die Berufungsanträge sowie die Angabe der neuen Tatsachen und Beweismittel enthalten, welche der Berufungskläger geltend machen will.

Eine bestimmte Form ist für die Anträge nicht erforderlich; es genügt, wenn aus der Berufungsschrift zu ersehen ist, in welchem Umfange die Entscheidung des Patentamts angegriffen wird[83]). Die gestellten Anträge bestimmen den Umfang der Kognition[84]).

Die Versäumung rechtzeitiger Begründung macht die Berufung nicht unzulässig[85]); ob verspätet vorgebrachtes Material zu berücksichtigen ist, ist Tatfrage und vom Reichsgericht nach freiem Ermessen zu entscheiden[86]).

Ist die Berufungsschrift nicht rechtzeitig eingegangen oder nicht in deutscher Sprache abgefaßt oder enthält sie nicht die

---

[79]) Bl. 1911 S. 266 PA., anders Bl. 1906 S. 304 PA.

[80]) Bl. 1910 S. 115 RG.

[81]) Bl. 1904 S. 242 RG.

[82]) Bl. 1897 S. 117 RG.; 1898 S. 254 RG.

[83]) Bl. 1904 S. 14 RG.

[84]) Bl. 1904 S. 219 RG.

[85]) Bl. 1898 S. 19 RG.

[86]) M. u. W. IX S. 121 RG.

Berufungsanträge, so hat das Patentamt die Berufung als unzulässig zu verwerfen.

Der Berufungskläger kann binnen einer Woche nach Zustellung dieses Beschlusses auf die Entscheidung des Reichsgerichts antragen.

Die Zulassung der Berufung durch das Patentamt bindet das Reichsgericht nicht. Das Reichsgericht kann eine vom Patentamte zugelassene Berufung als unzulässig verwerfen[87]).

Wird die Berufung vom Patentamte für zulässig erachtet, so teilt dieses die Berufungsschrift dem Berufungsbeklagten mit der Auflage mit, seine schriftliche Erklärung innerhalb eines Monats nach der Zustellung bei dem Patentamte einzureichen. Diese Frist kann nicht verlängert werden[88]). Die Erklärung muß die Gegenanträge sowie die Angabe der neuen Tatsachen und Beweismittel enthalten, welche der Berufungsbeklagte geltend machen will. Eine Anschlußberufung ist nicht zulässig[89]). Inwieweit verspätet vorgebrachtes Material zu berücksichtigen ist, unterliegt dem Ermessen des Reichsgerichts.

Das Patentamt legt die Verhandlungen nebst den Akten erster Instanz dem Reichsgericht vor und benachrichtigt hiervon die Parteien unter Mitteilung der Gegenerklärung an den Berufungskläger.

Das Reichsgericht trifft nach freiem Ermessen die zur Aufklärung der Sache erforderlichen Verfügungen.

Das Urteil des Reichsgerichts ergeht nach Ladung und Anhörung der Parteien. Die Ladungsfrist beträgt mindestens zwei Wochen.

Die Geltendmachung neuer Tatsachen und Beweismittel im Termin ist nur insoweit zulässig, als sie durch das Vorbringen des Berufungsbeklagten in der Erklärungsschrift veranlaßt wird; indessen kann das Gericht nach freiem Ermessen auch Tatsachen und Beweismittel berücksichtigen, mit welchen die Parteien ausgeschlossen sind. Auch die Ausdehnung des Klageantrages ist in der Berufungsinstanz zulässig, sofern der

---

87) Bl. 1904 S. 219 RG.

88) Bl. 1902 S. 6 RG.

89) Bl. 1897 S. 147 RG.

Klagegrund nicht geändert wird[90]). Beweiserhebungen können durch Vermittlung des Patentamts erfolgen.

Soll das Urteil auf Umstände gegründet werden, welche von den Parteien nicht berührt sind, so sind diese zu veranlassen, sich hierüber zu äußern.

Von einer Partei behauptete Tatsachen, über welche die Gegenpartei sich nicht erklärt hat, können für erwiesen angenommen werden.

Erscheint in dem Termin keine der Parteien, so ergeht das Urteil auf Grund der Akten.

Das Reichsgericht kann zu der Beratung Sachverständige zuziehen, die indessen an der Abstimmung nicht teilnehmen dürfen.

Die Verkündigung des Urteils erfolgt in dem Termin, in welchem die Verhandlung geschlossen ist, oder in einem sofort anzuberaumenden Termin.

Die Ausfertigungen des mit Gründen zu versehenden Urteils werden durch Vermittlung des Patentamts zugestellt.

Die zur Praxis bei dem Reichsgerichte zugelassenen Rechtsanwälte sind befugt, im Berufungsverfahren in Patentsachen die Vertretung zu übernehmen. Den Parteien und deren Vertretern ist es gestattet, mit einem technischen Beistande zu erscheinen.

Im übrigen ist für das Berufungsverfahren in Patentsachen das den Geschäftsgang beim Reichsgericht normierende Regulativ maßgebend.

Ist ein Patent rechtskräftig für nichtig erklärt, so ist damit festgestellt, daß es von Anfang an nichtig war.

Mit der rechtskräftigen Vernichtung des Patents[91]) ist zwar dem Rechte nach die Patenterteilung rückgängig gemacht. Dies vermag indessen die Tatsache nicht zu beseitigen, daß die Erfindung eine Zeitlang Patentschutz genossen hat, und diese Tatsache hat in gewisser Beziehung auch rechtliche Wirkung. Es kann sich insbesondere der Lizenznehmer, der den Patent-

---

[90]) Bl. 1905 S. 232 RG.

[91]) Über den Einfluß der Vernichtung des Hauptpatents auf das Zusatzpatent vgl. Beitrag V S. 41.

schutz genossen hat, nicht darauf berufen, daß dieser tatsächliche Schutz zu Unrecht bestanden habe[92]). Dasselbe gilt für die gleiche Zeit vom Patenterwerber. Aus dem gleichen Grunde kann der Patentinhaber nach dem Gesetze die bisher entrichteten fälligen Gebühren nicht erstattet verlangen (§ 8 Abs. 5 des PG.). Dagegen ist die Vernichtung des Patents in bürgerlichen Rechtsstreitigkeiten und im Strafverfahren wegen Patentverletzung zu berücksichtigen[93]).

2. Die Zwangslizenz und die Zurücknahme des Patents.

Durch die Patenterteilung hat der Patentinhaber das ausschließliche Recht erlangt, den Gegenstand der Erfindung für die Dauer des Patents gewerbsmäßig zu benutzen, also das Gewerbe von der Mitbenutzung der Erfindung auszuschließen. Der Ausschluß des Gewerbes von der Benutzung der Erfindung hat nun nicht etwa den Sinn, daß eine gewerbsmäßige Benutzung der Erfindung überhaupt nicht stattfinden soll. Dies würde dem Zwecke des Gesetzes, welches in § 1 für den Patentschutz das Erfordernis der gewerblichen Verwertbarkeit aufstellt, vollkommen widersprechen. Es hätte keinen Sinn, hier gewerbliche Verwertbarkeit der Erfindung zu verlangen, wenn gerade die gewerbliche Verwertung der Erfindung für die Dauer des Patents ausgeschlossen sein soll. Das Gesetz hat vielmehr die gewerbliche Verwertung der Erfindung für die Dauer des Patents allein in die Hände des Patentinhabers gelegt und dabei als selbstverständlich unterstellt, daß dieser von dem Rechte der gewerbsmäßigen Benutzung den weitgehendsten Gebrauch machen werde.

Gerade dadurch, daß die gewerbsmäßige Benutzung der Erfindung in die Hände eines einzelnen gelegt ist, ist die beste Gewähr gegeben, daß die bisher unbekannte Erfindung zu der ihr gebührenden Geltung kommt und nicht in der großen Masse

[92]) Vgl. Beitrag IV S. 65—66.

[93]) Vgl. Beitrag IV S. 88 u. S. 94.

des Erfundenen verloren geht. Durch das Interesse, das der Patentinhaber daran hat, die Erfindung für seine Person ergiebig zu machen, wird er veranlaßt, entweder selbst eine möglichst umfassende Benutzung vorzunehmen, weil ihm dann die Früchte dieser Benutzung zufließen, oder aber die Benutzung gegen Entgelt andern zu überlassen und durch Propaganda dafür zu sorgen, daß die an seine Lizenz gebundene und ihm deshalb abgabepflichtige Benutzung sich so weit wie möglich ausbreitet. Hierdurch ist aufs beste dafür gesorgt, daß nützliche Erfindungen der Allgemeinheit auch zugute kommen.

Ein Patentinhaber, der die Erfindung während der ganzen Dauer des Patents brach liegen läßt, handelt hiernach dem Zwecke der Patenterteilung zuwider und mißbraucht das ihm anvertraute Recht der ausschließlichen gewerbsmäßigen Benutzung der Erfindung. Würde jeder Patentinhaber seine Erfindung für die Dauer des Patents unbenutzt lassen und sein Recht nur dazu gebrauchen, anderen die Benutzung zu untersagen, so könnte das Gewerbe nicht gedeihen. Während Wissenschaft und Praxis sich vereinigen müssen, um eine blühende Industrie zu schaffen, würde hier die Praxis hinter der Wissenschaft stets um Jahre zurückbleiben.

Mit Recht hat deshalb der Gesetzgeber besondere Bestimmungen getroffen, die es verhindern sollen, daß ein Patentinhaber sein Recht auf ausschließliche gewerbsmäßige Benutzung dazu mißbraucht, die Allgemeinheit zu schädigen oder von dem Genusse der Erfindung auszuschließen.

Der § 11 des PG. bestimmt in Absatz 1: „Verweigert der Patentinhaber einem anderen die Erlaubnis zur Benutzung der Erfindung auch bei Angebot einer angemessenen Vergütung und Sicherheitsleistung, so kann, wenn die Erteilung der Erlaubnis im öffentlichen Interesse geboten ist, dem anderen die Berechtigung zur Benutzung der Erfindung zugesprochen werden (Zwangslizenz). Die Berechtigung kann eingeschränkt erteilt und von Bedingungen abhängig gemacht werden.“

Diese Bestimmung ist durch Gesetz vom 6. Juni 1911 an die Stelle einer früheren Bestimmung gesetzt, nach welcher das Patent nach Ablauf bestimmter Zeit zurückgenommen werden konnte, wenn der Patentinhaber unter den angegebenen Voraussetzungen sich weigerte, die verlangte Lizenz zu erteilen.

Dem Patentinhaber kann eine Zwangslizenz nur dann auferlegt werden, wenn die Erteilung einer Lizenz im öffentlichen Interesse liegt[94]). Nicht dem privaten Interesse einzelner Gewerbetreibender, sondern der Allgemeinheit, also dem öffentlichen Interesse, dient das Patentgesetz. Macht also der Patentinhaber in eigener Person oder durch bestimmte Lizenznehmer von dem Rechte der gewerbsmäßigen Benutzung einen ergiebigen Gebrauch, so erfordert das öffentliche Interesse nicht, den Patentinhaber zu zwingen, auch solchen Personen Lizenzen zu gewähren, die er als lästige Konkurrenten an der Benutzung der Erfindung nicht teilnehmen lassen will. Ob er ihnen nur aus selbstsüchtigen Motiven die Lizenz verweigert, ist dabei ohne Bedeutung.

Es ist dem Patentinhaber auch nicht verwehrt, für die Erteilung von Lizenzen verhältnismäßig hohe Preise zu fordern. Denn es entspricht durchaus dem Patentschutze, wenn der Patentinhaber aus seinem Rechte den größtmöglichsten Nutzen zu ziehen sucht. Nur wenn die Preisstellung eine so unverhältnismäßig hohe ist, daß sie die Nachfrage so gut wie ganz unterdrückt und einer Vorenthaltung der Erfindung nahezu gleichkommt, liegt ein Mißbrauch des Patentrechts vor.

Auch ein Patentinhaber, der jede Lizenz verweigert, weil er selbst den Bedarf nach den patentierten Gegenständen vollkommen deckt, kann zur Erteilung einer Lizenz nicht gezwungen werden. Denn er gehört selbst der Industrie an, und dadurch, daß er die Erfindung vollkommen ausnutzt, tut er in seiner Person alles, was erforderlich ist, um die Erfindung in die Industrie einzuführen, soweit dies mit dem Patentschutze verträglich ist. Es macht in dieser Beziehung keinen Unterschied, ob er den gesamten Bedarf allein deckt oder ob er ihn nur zum Teil selbst deckt und zum anderen Teil durch einen Lizenznehmer decken läßt. In beiden Fällen kommen die Erzeugnisse

---

[94]) Vgl. hierüber Bl. 1913 S. 300 (M u. W. XIII S. 63; Ind. 1914 S. 75) RG.

der Erfindung dem konsumierenden Publikum in gleichem Maße zugute, und in beiden Fällen erhalten die im Betriebe beschäftigten Personen sowohl Arbeit und Lohn als auch die erforderliche gewerbliche Ausbildung, die sie befähigt, demnächst, nach Ablauf des Patents, die Erfindung in allen konkurrierenden Betrieben, in denen dies gewünscht wird, zur Ausführung zu bringen. In weiterem Maße kann aber der Allgemeinheit und der Industrie, solange das Patent besteht, nicht gedient werden, und die Erteilung einer Zwangslizenz an eine zweite Person würde nach dieser Richtung hin keine Förderung bringen.

Wenn indessen der Patentinhaber seine Machtstellung dazu mißbraucht, um einen ganzen sonst lebensfähigen und blühenden Industriezweig lediglich durch seine Konkurrenz unter Vorenthaltung der Erfindung, die ihm die Überlegenheit verleiht, zu vernichten, so kann er zur Erteilung einer Lizenz gezwungen werden. Hier werden tatsächlich öffentliche Interessen geschädigt, während die Unterdrückung und Vernichtung einzelner Konkurrenten, so hart dies die Beteiligten auch trifft, das öffentliche Interesse nicht berührt.

Der Patentinhaber kann auch genötigt werden, einem anderen Patentinhaber, dessen Patent von dem seinigen abhängig ist, eine Lizenz zu erteilen; aber auch hier genügt nicht das private Interesse des beteiligten Patentinhabers, sondern es muß nachgewiesen werden, daß die Ausführung des jüngeren Patents im öffentlichen Interesse liegt.

Ein öffentliches Interesse kann unter Umständen auch darin gefunden werden, daß der Kläger mit Erfolg bestrebt ist, das vom Beklagten mit Beschlag belegte Industriegebiet durch eigene Erfindungen zu vervollkommnen und in der Fortsetzung dieser Bestrebungen durch den Patentinhaber gehindert wird[95]. Einer Lizenz bedarf es hier indessen nur dann, wenn der Kläger die patentierte Erfindung gewerbsmäßig benutzen muß.

Wird dem Patentinhaber eine Zwangslizenz auferlegt, so sind dabei die Lizenzbedingungen amtsseitig festzusetzen. Dabei sind die Interessen der Allgemeinheit und die Interessen der Beteiligten so, wie es der Sachlage entspricht, zu berücksichtigen.

[95]) E. d. RG. ZS. Bd. 83 S. 274 (Bl. 1914 S. 186 RG.).

Die Lizenzbedingungen können so verschiedenartig sein, als dies bei einer Lizenz überhaupt möglich ist. Die Zwangslizenz hat indessen den Charakter einer einfachen Lizenz[96]); zur Erteilung von Unterlizenzen ist der Lizenznehmer hier nicht befugt. Daß der Lizenznehmer keine eigene Fabrik hat, schadet nichts; er kann die Erfindung auch in einer fremden Fabrik für seine Zwecke benutzen[97]). Die Lizenzgebühr muß so hoch bemessen werden, daß der Patentinhaber dabei eine seinem Patentrechte entsprechende Entschädigung erhält. Auch muß vom Kläger eine Sicherheit dafür gewährt werden, daß er seine Lizenzverpflichtungen tatsächlich erfüllt.

Auf das Verfahren finden die Grundsätze vom Nichtigkeitsverfahren Anwendung. In erster Instanz ist die Nichtigkeitsabteilung des Patentamts, in zweiter Instanz das Reichsgericht zuständig.

Eine Zwangslizenz ist erst zulässig, wenn seit der Bekanntmachung der Erteilung des Patents drei Jahre verstrichen sind. —

Die Patenterteilung hat den Zweck, die Allgemeinheit zu fördern. Der Patentinhaber kann zwar kraft seines Patentrechts die Konkurrenz von der Benutzung der Erfindung ausschließen; er muß aber, innerhalb des Rahmens seines Patentrechts wenigstens, dafür sorgen, daß seine Erfindung der Allgemeinheit zugute kommt, und er ist deshalb verpflichtet, selbst oder durch seine Lizenznehmer die Erfindung, die ihm für das Inland geschützt ist, auch im Inlande zur Ausführung zu bringen. Gilt es hiernach schon als ein unter Zwangslizenz gestellter Mißbrauch, wenn der Patentinhaber die Erfindung im Inlande nicht ausführt, so gilt dies in noch höherem Maße, wenn er sein Patentrecht dazu benutzt, die einheimische Industrie vor der ausländischen zu benachteiligen.

Bei der Patentgesetzgebung sind indessen nicht nur die Interessen des Staates, sondern auch die Interessen der Erfinder angemessen zu berücksichtigen. Eine allzu starke Betonung des staatlichen Interesses muß notwendig zu einer Benachteiligung der Erfinder führen. Jede Abschwächung des Erfinderschutzes

[96]) Beitrag IV S. 62.

[97]) E. d. RG. ZS. Bd. 83 S. 274 (Bl. 1914 S. 186 RG.).

schädigt aber wiederum die staatlichen Interessen, weil sie die Erfinder davon abhalten kann, ihre Erfindungen kundzugeben.

Es ist daher keine weitsichtige Politik, wenn ein einzelner Staat durch gesetzliche Beschränkung des Erfinderschutzes seine eigene Industrie vor der ausländischen zu begünstigen trachtet. Denn dies führt dazu, daß andere Staaten die gleichen Bestimmungen treffen und daß der damit auf die Erfinder ausgeübte Druck schließlich weder dem einen noch dem anderen Staate zum Vorteile gereicht, sondern auf beide gleich schädlich wirkt[98]).

Von dem Gesichtspunkte der Abwehr aus ist es zu verstehen, daß der deutsche Gesetzgeber in Abs. 2 der bereits erwähnten, am 1. Juli 1911 in Kraft getretenen Novelle vom 6. Juni 1911 folgende Bestimmung getroffen hat, die dem Art. 27 des englischen Patentgesetzes von 1907 nachgebildet ist:

„Das Patent kann, soweit nicht Staatsverträge entgegenstehen, zurückgenommen werden, wenn die Erfindung ausschließlich oder hauptsächlich außerhalb des Deutschen Reiches oder der Schutzgebiete ausgeführt wird. Die Übertragung des Patents auf einen anderen ist insofern wirkungslos, als sie nur den Zweck hat, der Zurücknahme zu entgehen."

Ein Grund zur Zurücknahme liegt hiernach dann nicht vor, wenn die Erfindung weder im Inlande, noch im Auslande ausgeführt wird; denn in diesem Falle ist die fremde Industrie vor der einheimischen nicht begünstigt worden.

Dagegen unterliegt das Patent der Zurücknahme nicht nur dann, wenn die Erfindung ausschließlich im Auslande zur Ausführung kommt, sondern auch, wenn sie hauptsächlich im Auslande, also im Auslande mehr als im Inlande, ausgeführt wird. Hier ist es ganz klar, daß der Staat vom Patentinhaber zu viel verlangt. Denn wenn der Erfinder für eine wertvolle Erfindung, wie es die Regel bildet, sowohl in Deutschland, als auch in England Patentschutz erwirbt, so kann er nur entweder dem einen oder dem andern Staat, nicht aber beiden zugleich Genüge leisten. Kommt es zu einer Kollision, so geht dies auf Kosten des Erfinders.

[98]) Vgl. GR. 1909 S. 97f.

Mildernd greift hier die Bestimmung in Ziffer 3b des Schlußprotokolls zum Unionsvertrage ein, welchem sowohl Deutschland, als auch Großbritannien angehören. Nach dieser Bestimmung kann der Verfall eines Patents nur dann ausgesprochen werden, wenn der Patentinhaber Gründe für seine Untätigkeit nicht dartut.

Nach gesetzlicher Vorschrift, die gleichfalls dem Unionsvertrage entspricht, kann die Zurücknahme des Patents vor Ablauf von drei Jahren seit der Bekanntmachung der Erteilung des Patents nicht erfolgen.

Bei Handhabung der Bestimmung werden im allgemeinen die Grundsätze, die in der englischen Rechtsprechung Beachtung gefunden haben, zur Anwendung kommen müssen[99]).

Da das Patent dann zurückgenommen werden kann, wenn die Erfindung hauptsächlich außerhalb des Deutschen Reichs oder der Schutzgebiete ausgeführt wird, so kann, wie bereits bemerkt wurde, verlangt werden, daß die Ausführung mindestens zur Hälfte im Inlande erfolgt.

Das patentierte Verfahren muß im Inlande angewandt, die patentierten Sachen müssen im Inlande erzeugt werden. Die Deckung der Nachfrage durch Einfuhr der Erzeugnisse aus dem Auslande kommt dem Patentinhaber nicht zugute; denn hierdurch wird die inländische Industrie nicht gefördert. Wohl aber können dem Patentinhaber bei Feststellung des Umfangs der Ausführung Patentverletzungen Dritter angerechnet werden.

Das Gesetz schreibt nur vor, daß das Patent zurückgenommen werden kann, nicht, daß es zurückgenommen werden muß, und der Unionsvertrag läßt es zu, daß der Patentinhaber Gründe für seine Untätigkeit dartut. Indessen muß als Regel unterstellt werden, daß die Zurücknahme des Patents bei nicht genügender Ausführung auszusprechen ist; nur wirkliche Gründe können es rechtfertigen, von dieser Regel abzugehen. Nur wenn der Patentinhaber ernstlich bemüht ist, die Erfindung zur Ausführung zu bringen, und wenn er alles tut, was nach

---

[99]) Vgl. Bl. 1909 S. 128, 134, 157, 161, 162, 248, 261, 269, 281, 286, 307, Bl. 1910 S. 14, 159, 161; Bl. 1911 S. 251, 254, 256; Bl. 1912 S. 114; Bl. 1913 S. 48, 131.

dieser Richtung hin vernünftigerweise von ihm verlangt werden kann, ist von der Zurücknahme des Patents Abstand zu nehmen. Zu einer ernstlichen Bemühung gehört es, daß der Patentinhaber, wenn er keine geschulten Arbeiter im Inlande findet, diese aus dem Auslande hereinzieht oder die inländischen Arbeiter anlernt, daß er die für die Ausführung erforderlichen, im Inlande nicht vorhandenen Maschinen aus dem Auslande einführt, daß er erforderlichenfalls Werkstätten und Fabriken gründet, daß er eine bisher nicht vorhandene Nachfrage nach der patentierten Ware durch geeignete Mittel hervorruft, daß er die Nachfrage nicht durch übermäßig hohe Preise drückt und so die Produktion schmälert. Läßt sich trotz aller Bemühungen des Patentinhabers die Erfindung im Inlande nicht in genügendem Maße ausführen, ist also der Mißerfolg auf Umstände zurückzuführen, die zu vermeiden nicht in seiner Macht liegt, so darf das Patent nicht zurückgenommen werden.

Die Zurücknahme des Patents hat keine rückwirkende Kraft.

Auf das Verfahren finden, wie bei der Zwangslizenz, die für das Nichtigkeitsverfahren geltenden Vorschriften Anwendung. —

Die Bestimmungen des § 11 des PG. über die Zwangslizenz und den Ausführungszwang sind modifiziert durch das am 1. August 1909 in Kraft getretene Abkommen des Deutschen Reichs mit den Vereinigten Staaten von Nordamerika, welches im Artikel I folgenden Inhalt hat:

„Die in den geltenden oder den künftigen Gesetzen des einen der vertragschließenden Teile enthaltenen Vorschriften, wonach im Falle der Nichtausführung eines Patents . . . die Zurücknahme oder eine sonstige Beschränkung des Rechts vorgesehen ist, sollen auf die den Angehörigen des andern vertragschließenden Teils gewährten Patente . . . nur in dem Umfange der von diesem Teile seinen eigenen Angehörigen auferlegten Beschränkungen Anwendung finden. Die Ausführung des Patents in dem Gebiete des einen vertragschließenden Teiles wird der Ausführung in dem Gebiete des andern Teiles gleichgestellt.“

Nach diesem Abkommen kann einem Amerikaner, d. h.

einem Angehörigen der Vereinigten Staaten von Nordamerika, der ein deutsches Patent besitzt, eine Zwangslizenz nicht aus dem Grunde auferlegt werden, weil er das Patent in Deutschland nicht oder nicht genügend zur Ausführung gebracht hat. Dagegen kann der Amerikaner aus andern Gründen im öffentlichen Interesse zur Erteilung einer Lizenz gezwungen werden. Denn das dem Amerikaner durch das Abkommen gewährte Sonderrecht beschränkt sich nach ausdrücklicher Bestimmung auf den Fall der Nichtausführung des Patents.

Nach dem Abkommen kann ferner ein einem Amerikaner gehöriges Patent nicht deshalb zurückgenommen werden, weil der Amerikaner die Erfindung in Deutschland nicht oder nicht genügend ausgeführt hat.

Das Abkommen kommt nur einem amerikanischen Patentinhaber zugute, also nicht einem andern Staatsangehörigen, der das Patent von dem Amerikaner erworben hat, wohl aber einem Amerikaner, dem das Patent von einem andern Staatsangehörigen übertragen worden ist, vorausgesetzt, daß diese Übertragung nicht etwa nur den Zweck hatte, der Zurücknahme zu entgehen.

Nur amerikanische Staatsbürger, ohne Rücksicht auf Wohnsitz oder Niederlassung, können sich auf das Abkommen berufen, nicht aber andere Staatsangehörige, welche in den Vereinigten Staaten von Nordamerika ihren Wohnsitz oder ihre Niederlassung haben. Die daselbst ansässigen Gesellschaften und Korporationen stehen den Staatsangehörigen gleich.

Daß der Amerikaner in seinem Staate ein Patent auf die gleiche Erfindung besitzt, ist nicht erforderlich[100]).

Für die Frage, wer Patentinhaber ist, ist der Inhalt der Patentrolle maßgebend.

Auch auf die am 1. August 1909 anhängig gewesenen, nach dem neuen Recht weiterbehandelten Zurücknahmeklagen findet das Abkommen Anwendung[101]).

Durch Art. 5 des Übereinkommens Deutschlands mit Italien vom 18. Januar 1892 und mit der Schweiz vom 13. April 1892 ist ferner folgendes bestimmt:

[100]) Bl. 1910 S. 9 RG.

[101]) Bl. 1910 S. 9 u. S. 116 RG., Bl. 1912 S. 257 RG.

„Die Rechtsnachteile, welche nach den Gesetzen der vertragschließenden Teile eintreten, wenn eine Erfindung . . . nicht innerhalb einer bestimmten Frist ausgeführt . . . wird, sollen auch dadurch ausgeschlossen werden, daß die Ausführung . . . in dem Gebiete des andern Teils erfolgt.“

Hiernach steht es der Ausführung in Deutschland gleich, wenn die Erfindung in Italien oder in der Schweiz ausgeführt wird. Wird also in diesen Ländern die Erfindung ausschließlich oder hauptsächlich ausgeführt, so kann das Patent in Deutschland nicht zurückgenommen werden. Auf die Nationalität des Patentinhabers kommt es dabei nicht an. Indessen ist es hier erforderlich, daß der Patentinhaber auch in dem in Betracht kommenden Vertragsstaate ein Patent für die gleiche Erfindung besitzt[102]).

Die Vorschriften über die Zwangslizenz werden, wie der Vertrag mit der Schweiz in einem durch Übereinkommen vom 26. Mai 1902 eingefügten Absatz 4 zu Art. 5 auch ausdrücklich feststellt, durch die Verträge mit Italien und der Schweiz nicht berührt.

---

[102]) Vgl. Bl. 1896 S. 317 RG.

Kolibri 360 GmbH
Ferdinand-Jühlke-Straße 7
99095 Erfurt, Deutschland
produktsicherheit@kolibri360.de